Hans Kirchmann

Hirohito

»Japans letzter Kaiser«
Der Tenno

Originalausgabe

WILHELM HEYNE VERLAG
MÜNCHEN

HEYNE SACHBUCH
Nr. 19/76

Redaktion: Martina Reigl

Copyright © 1989 by Wilhelm Heyne Verlag GmbH & Co. KG, München
Printed in Germany 1989
Umschlaggestaltung: Atelier Bachmann, Reischach
Umschlagfoto: dpa, Frankfurt/M.
Satz: Satz & Repro Grieb, München
Druck und Verarbeitung: Ebner Ulm

ISBN 3-453-03250-0

INHALT

STREIFZUG DURCH JAPANS KAISERTUM

Nippon – Land zwischen Gegenwart und Vergangenheit

Nur wenige weiße Wolken treiben von China her über die Berge, sonst spannt sich ein makellos blauer Himmel über die Kantoregion, über die größten Städte Japans, Yokohama und Tokio. Wenn man sich nicht nach der Zählweise der überkommenen Stadtgrenzen verhält, wonach die Hauptstadt Tokio nur rund elf Millionen Einwohner hat, so ist sie ein Ballungsgebiet von 30 Millionen Menschen, mit Stadtteilen, Provinzen, Industriegebieten, engen Gassen in altertümlich wirkenden Wohngebieten mit schmalen Holzhäusern, Autoschnellstraßen hoch auf Betonstelzen, wenigen Hochhäusern. Mit in immergrünen Kleinparks versteckten Tempeln und Schreinen, U-Bahnlinien nach allen Seiten, von Betonmauern eingefaßten Flüssen – all das geht ohne deutliche Abgrenzung ineinander über. Kanto ist das wirtschaftliche, industrielle, politische und kulturelle Herz Nippons. Es ist ein Sonntag im September 1988, oder dem Jahr 62 der Showa-Periode, die, übersetzt, etwa den Namen »erleuchteter Frieden« trägt – das Jahr 62 der Regentschaft des Tenno; Kaiser Hirohito, der älteste Monarch dieser Welt.

Ein Sonntag voller leuchtender Schönheit, wie man sie seit Monaten entbehrt hat. Der Sommer in Kanto ist ohnehin von garstiger Art. Selten sinken die Temperaturen auch nachts unter 25 Grad, die Luftfeuchtigkeit ist extrem hoch und läßt in den Wohnungen ohne Klimaanlage Schuhe, Kleider, Bilder und Bücher schimmeln. Die Regenzeit wollte in diesem Jahr nicht aufhören, vier Monate lang hing eine Wolkendecke dunkelgrau über Tokio, und die Lichter brannten schon am frühen Nachmittag. Zwischendurch grollte die Erde, gewaltige Stöße erschütterten Kanto, so daß die einen an das Jahr 1923 dachten, als ein Erdbeben über hunderttausend Menschen getötet hatte, und andere schlicht ein unheilverkündendes Zeichen darin sahen. Vielleicht waren die Götter zornig.

Am Morgen des 19. September traten die Ansager auf den Fernsehschirmen mit schwarzen Krawatten auf, und aus dem Kaiserpalast wurde gemeldet, der Tenno habe in der Nacht Blut erbrochen und leide unter erhöhtem Blutdruck und Fieber. Die Nation verfiel in einen Zustand der Trauer und Anteilnahme. Immer noch regnete es in Strömen, und auf der Ginza, der Prachtstraße Tokios, und im Geschäftsviertel Marunouchi gleich nebenan, wo sich alle Banken und Konzerne Nippons konzentrieren, sah man nicht nur das übliche Meer von Regenschirmen, sondern schon zaghaft Trauerflor. Hier wurde die Neonreklame etwas zurückgenommen, dort änderten Menschen die Farbe ihrer Kleidung, und bei Geschäftsschluß machten sich Büroangestellte, Banker, Verkäufer, U-Bahnschaffner und Blumenmädchen einträchtig auf den Weg zum Palast, der, noch immer von den alten Schloßgräben und den aus riesigen Quadern errichteten Mauern abgeschirmt, wie ein Bollwerk des Mittelalters dunkel gegen die neue Welt Japans ragt; so als sei die Zeit nicht weitergegangen. Dort hatten sich bereits die Fernsehteams eingerichtet, die Kameras und technisches Gerät unter Plastikhüllen geschützt, und von Zeit zu Zeit trat ein Reporter vor die Scheinwerfer und berichtete, wie es um Blutdruck, Temperatur, Pulsschlag und Atemzüge der Majestät bestellt war. Für mehrere Wochen konzentrierten sich die Medien Japans auf diese vier Daten, berichteten auch, daß Hirohito eine Bluttransfusion erhalten habe, in sechs Wochen insgesamt rund 16 Liter Blut, dessen Herkunft nicht genannt wurde. Kam ein Wagen mit frischen Blutkonserven vor den Palasttoren vorgefahren, oder einer Leibärzte in einer der schwarzen Limousinen des Kaiserlichen Haushalts, oder ein

Politiker, der den Kaiser zwar nicht sprechen durfte, aber doch wenigstens seine Aufwartung machte, dann stürzten die Reporterscharen vor. Es kam zu turbulenten Szenen, wenn gar Kronprinz Akihito mit seiner Gemahlin Michiko vorfuhr.

Daß dies das nächste Kaiserpaar sein würde, sagte man sich jedoch nur hinter vorgehaltener Hand. Der Respekt war für jede öffentliche Erörterung der Thronnachfolge, auch nach 40 Jahren Demokratie, noch zu groß.

Überall im Land begannen die Menschen, sich in lange Listen einzuschreiben, um so ihren Wunsch nach baldiger Genesung des Tenno zu bekunden. Weil es in den ersten paar Tagen nur zu 170 000 Unterschriften kam, half die Regierung, Sammelstellen einzurichten, und viele Präfekturen stellten Zelte gegen den immer noch fallenden Regen auf, der wie eine Sintflut der Trauer herabstürzte, nun erst recht als himmlisches Zeichen des Unheils gedeutet.

Japan beginnt im kühleren Herbst aus der Lethargie des brutheißen Sommers zu erwachen, und geschätzt wird nicht nur der blaue Himmel, der endlich wieder sichtbar wird, sondern der volle Mond, der dann höchst poetisch zu leuchten beginnt, wie auch das Herbstlaub, das sich zu starken Gelb- und Rottönen verfärbt. Im Herbst feiern die Japaner ihre schönsten Feste, und das ist nicht nur eine prächtige Wiederbelebung jahrhundertealter Traditionen, sondern zudem ein nettes Nebengeschäft: für die Städte, die ein Festival auf die Beine stellen, für Parkwächter, Schreine und Tempel, in denen mit klingenden Yen geopfert wird, für die Verkäufer von heißen Kartoffeln, gerösteten Garnelen, oder von Bier für die durstigen Mannschaften, die Stunden in überfüllten Bussen geschmachtet haben.

Ganz sicher gab es, weder vom Kaiserlichen Haushalt noch von der bürgerlichen Regierung Japans, einen Befehl, solche Festivitäten zu unterlassen; dennoch kehrte mehr und mehr Stille ein, und zum Kummer besonders der Geschäftsleute wurde Fest auf Fest gestrichen. Das Land verfiel in eine Art Lähmung, erklärbar wohl auch mit der Schwierigkeit, angemessen teilnahmsvoll die Krankheit der Majestät zu verfolgen und dennoch nicht ganz von üblichem Frohsinn abzulassen.

So war auch an diesem Septembersonntag der Zug der Tobu-Linie voll besetzt, der von der Station Asakusa in Tokio abfährt. Asakusa ist ein Viertel voller Geschäftigkeit, vormals ein Sumpfgebiet Edos, wie Tokio vor der Meiji-Restauration hieß, wo man nur ungern siedelte, schon wegen der Moskito-Schwärme vom nahen Sumidafluß und aller möglichen Fieberkrankheiten. Bis heute stehen die Einwohner Asakusas leicht unter Verdacht, zu den *Burakumin* zu gehören, den drei Millionen Unreinen, die sich mit der Verarbeitung tierischen Fleisches als Metzger, Kürschner oder Gerber befassen oder gar als Leichenbestatter arbeiten. Es reicht auch der Nachweis, daß ein ferner Vorfahr in solcherart verpöntem Gewerbe tätig war, um dann die Enkel zu diskriminieren. Ihnen ist Einheirat in »normale« japanische Familien wie auch die Einstellung in renommierten Firmen verwehrt. Ihre Arbeitslosenrate ist weit höher als im Landesdurchschnitt, der Weg durch qualifizierende Bildungsstätten ist für sie mühsamer als für normale Japaner, so daß die Burakumin, die sich erst seit kurzer Zeit organisieren und nach Erhalt bürgerlicher Rechte streben, von einer besonderen Form von Apartheid sprechen, die in manchem an das herankomme, was man aus Südafrika kennt.

Doch mittlerweile haben sich in Asakusa längst auch »reine« Japaner niedergelassen, schon durch die elend hohen Landpreise und damit Bau- und Wohnkosten Tokios dazu getrieben. Außerdem wartet hier viel Vergnügen auf Tokioter, die nicht so mühsam die Stadt verlassen und für nicht allzu viel Geld einen netten Nachmittag haben wollen. Besonders um den Senso-ji-Tempel herum ergötzt sich das Volk, eine lange Ladenstraße bietet Fächer und Kimonos, eine Fülle von Backwerk mit süßer Bohnenpaste gefüllt, Masken, Schwerter, kunstvoll geschnitzte Kämme, Holzsandalen, Taschen, Spielzeug, Skulpturen und Bilder an. Aussichtsboote treiben von hier hinunter bis in die Innenstadt, vor dem Tempel kann man fächelnd die Weihrauchwolken im großen Bronzekessel auf sich lenken und vor kommenden Krankheiten Schutz erflehen. Hier stand auch der Tobu-Zug für die Abfahrt nach Nikko bereit.

Um 9.20 Uhr nahm Herr Misutani auf dem reservierten Sitz Platz und schaute nach seinen Kollegen, die noch auf dem Bahnsteig parlierten. Bald schon tauschte man im Verein die Standardfragen nach dem Befinden des werten Gesundheitszustandes und vor allem nach den Aussichten für die favorisierte Baseballmannschaft aus, vertiefte sich etwas in die Lektüre der Zeitung *Yomiuri*, die auf der ersten Seite die Krankheitsdaten des Tenno vermerkte, und ließ die Augen dann auf der vor den Fenstern abrollenden Stadtlandschaft Tokios ruhen, die kein Ende zu nehmen schien. Zur linken Seite glaubten die vier die Silhouette des heiligen Berges Fuji ausfindig gemacht zu haben, was kurz Begeisterung auslöste. Nun kamen schon erste Bauernhäuser, Reisfelder, richtige Bäume in Sicht. Mädchen in hellgrünen Uniformen eilten während der Fahrt durch die Gänge des Abteils und versorgten die frohgemuten Reisenden mit einem *O-bento*, einem Eßpaket, das vor allem Reis, dazu gesäuertes Gemüse und eine Scheibe Fisch enthielt. Dazu brachte das Mädchen vier große Flaschen Bier; Herr Misutani, Abteilungsleiter in einem Autohandelshaus, steuerte aus der Tiefe seiner Reisetasche eine Flasche Whiskey dazu bei, man becherte und war bester Laune. Ausgemacht war ein Besuch der Tempelanlagen von Nikko, und die Frage, ob das denn vereinbar sei mit dem Zustand des kranken Kaisers, wies Herr Misutani etwas verlegen zurück. Schließlich habe man diesen Ausflug lange genug geplant, auch sei damit das besondere Verdienst der Kollegen als Verkäufer zu belohnen, außerdem aber sei auch der Besuch Nikkos sozusagen eine patriotische Tat.

Das Städtchen Nikko wurde an diesem Sonntag von über Hunderttausend allein aus Tokio heimgesucht, begrüßt am Bahnhofsausgang von einer langen Flucht von Läden, die Andenken, Gebäck, O-bentos und Bier anboten, oder, für jetzt schon Ermüdete, Kaffee in Dosen aus Automaten, die das Getränk für 200 Yen auch gleich erhitzten. Es ging die einzige Hauptstraße Nikkos hoch, immer an Läden entlang, die teils mit Lautsprechern Kunden lockten, und hohe Busse, die vorne einen Reiseführer mit Mikrofon stehen hatten, der schon jetzt die Pracht der noch kommenden Anlagen schallverstärkt pries, schaukelten im stockenden Verkehr.

Herr Misutani war hoch erfreut, endlich die Heilige Brücke sehen zu können, die sich in anmutigem Bogen 28 Meter lang über den Gebirgsfluß Daya schwingt, und mit ihrem rot lackierten Holz ein beliebtes Fotomotiv darstellt. Er und seine Freunde hielten diesen Anblick sogleich mit ihren Kameras fest. Durch eine Allee von ehrwürdigen Zedern betraten sie dann das Innere der berühmten Tempelhaine, für zehn Mark Eintritt. Zunächst bestaunten sie die 32 Meter hohe Pagode Goji-no-to, schritten sodann mit vielen anderen durch das Tor der beiden Himmelskönige und suchten den Heiligen Stall auf, um die drei Affen zu betrachten, die sich Mund, Ohren und Augen zuhalten, getreu auch dem Menschheitsgebot: »Nichts Böses sollst du reden, nichts Böses hören, nichts Böses sehen«. Endlich durchschritt unser Kleeblatt das Tor des Sonnenlichts (Yomeimon), und andächtig folgsam zog jeder die Schuhe aus, um schließlich die letzte Ruhestätte des Mannes zu betrachten, der vielleicht wie kein anderer Japan geform hat: Ieyasu, der Gründer der Shogun-Dynastie Tokugawa.

Über Jahrhunderte Machtobjekt für Shogune und Kaiser

Dem fröhlichen Herrn Misutani und seinen Reisegefährten, die am Nachmittag den langen Weg zurück nach Tokio antraten und dabei so emsig becherten, daß sie Nikko zunächst und dann auch die Aussicht auf eine neue lange Arbeitswoche vergaßen, war es womöglich nicht sonderlich bewußt, daß sie ihre Reverenz einem Toten dargebracht hatten, der so stark Widerpart des Kaisertums gewesen war, daß es fast keinen Hirohito und keine Epoche des erleuchteten Friedens gegeben hätte. Was man genauso von seinem Vorgänger Hideyoshi sagen könnte.

Hideyoshi findet auch im heutigen Japan viele Bewunderer, obgleich er ein Mann mit Affengesicht, von großer Grausamkeit und sexueller Gier war. Er war aber auch ein Mann von niedriger Geburt, der zum Herrn zumindest Zentraljapans aufstieg und sich in vielen legendären Schlachten behauptete. Die letzte Auseinandersetzung mit Ieyasu vermied er und ernannte diesen Rivalen vielmehr zum Verwalter aller östlichen Provinzen. Der Kaiser spielte damals kaum noch eine Rolle; ohne Rücksicht auf ihn preßte Hideyoshi das Land in ein Feudalsystem, das durch eine Aristokratenelite regierte, die niemanden in ihre Reihen ließ. Zum Ende dieser Zeit, des ausgehenden 16. Jahrhunderts, waren die Strukturen Japans für kommende Jahrhunderte fixiert. Hideyoshi erfand ein einzigartiges und wirksames Polizeistaatsystem, das Bauern wie Bürgerlichen Fesseln anlegte. Das Land wurde penibel vermessen und mit hohen Steuern belegt, niemand außer der Militäraristokratie durfte Waffen halten, keiner ohne Erlaubnis Dorf oder Stadt verlassen, wo er gemeldet war. Daß diesen Hideyoshi nicht der Haß späterer Generationen verfolgte, liegt daran, daß seine Grausamkeit und Strenge zugleich sozialen Fortschritt bedeuteten. Denn Japan war durch Machtkämpfe ausgebrannt, fast am Rande des Verderbens und ständig von Hungersnöten bedroht. Hideyoshis Ordnung ließ trotz allem einen gewissen Wohlstand aufkommen und sorgte zugleich für eine Blüte der Baukunst, von der noch heute Paläste und Schlösser zeugen. Im Land herrschte endlich Frieden, und das Gefühl nationaler Einheit stellte sich ein. Der Shogun Hideyoshi gab sich damit allerdings nicht zufrieden, sondern träumte davon, Japan noch größer zu machen und sich China zu unterwerfen. Dort schien die Ming-Dynastie unsicher und geschwächt und damit relativ leichte Beute japanischer Heere zu sein, die nicht länger im eigenen Land Bürgerkriege führen mußten. Der Weg nach China jedoch führt über Korea, und dort landete Hideyoshi 1592 mit einer Armee von über 150 000 Mann, die sogar Gewehre mit sich führten. Diesem Ansturm unterlagen die Koreaner, erhielten aber später doch chinesische Hilfe und warfen die Japaner zurück. 1597 ist das Jahr, in dem eine zweite Invasion Hideyoshis in Korea scheiterte, in dem er aber auch die Christen aus Japan vertrieb, oder doch damit begann, als er in Nagasaki sechs Franziskaner und siebzehn ihrer japanischen Schüler ans Kreuz schlagen ließ. Doch schon ein Jahr später verstarb Hideyoshi, und die Regierungsgeschäfte wurden von Ieyasu Tokugawa übernommen, der zunächst nur einem Regierungsrat vorstand. Hideyoshis Sohn und Erbe zählte erst fünf Jahre. Als Ieyasu diesen absetzte und die Macht ergriff, kam es zum Aufstand und zu Kämpfen mit dem Baronat, doch der Kaiser erhob Ieyasu im Jahre 1603 zum Shogun. Die Ära der Tokugawas hatte begonnen, die Japan für 264 Jahre vor der westlichen Welt verschließen sollte.

Damals muß es etwa 300 000 Christen in Japan gegeben haben, und die Shogune hatten mit großer Skepsis zugesehen, wie wandernde Mönche auf den Straßen gemeinem Volk predigten, jeder sei gleich vor Gott, und jegliche Regierungsgewalt leite sich letztlich von ihrem Gott ab. Zugleich drang Kunde nach Japan, wie sich die Europäer in Religionskriegen befeindeten, und daß hinter dem Kreuz genügend Langnasen folgten, die in Rüstung und mit Kriegsschiffen vor allem die Macht ihres irdischen Königs zu vergrößern trachteten. Die japanische Christenverfolgung verlief nicht überstürzt und wie ein Ausbruch politischer Wut, sondern zog sich über Jahre dahin. Sie scheint vor allem nicht in unserem Sinne religiös motiviert zu sein, sondern ein Akt sich steigernder Abwehr gegen den als gefährlich angesehenen Einfluß Europas, in dem Zügellosigkeit der Sitten, Bruderkriege, wirre Ideen und Aggressionsgelüste zu einer Mischung wurde, die dem festgefügten Feudalsystem Nippons nur schädlich werden konnte. Ab 1633 häuften sich Verordnungen, die jegliche Verbindung mit der Außenwelt zerschnitten, Kontakt wurde allenfalls durch seltene Besuche holländischer Kauffahrer aufrechterhalten, die im Hafen von Nagasaki anlegten. Es wäre Ieyasu Tokugawa vermutlich nicht schwergefallen, das Kaisertum abzuschaffen, als er die Hauptstadt nach Kyoto verlegte, das damals auch kaiserliche Metropole war. Stattdessen versorgte er den kaiserlichen Haushalt mit bescheidenen Einnahmen, schirmte ihn aber zugleich gegen jede Berührung mit Politik ab.

Wie enorm die Bedeutung der Tokugawas gewesen ist, zeigt sich auch daran, daß ihre Begräbnisstätte mit ihrer einzigartigen Ansammlung herrlich gebauter Schreine und dem prachtvollen Anblick von 35 000 alten Zedern, ein bedeutender Pol der japanischen Geschichte geblieben ist. Trotz aller Verehrung des Kaisertums, das nach der Tokugawa-Periode auch wieder zu politischer Macht gelangte, huldigen die meisten Japaner noch jetzt dem großen Shogun und seinen Erben.

Bei seinem langen Sterben wird dem greisen Monarchen Hirohito – auch wenn er das wohl nicht mehr hört – immer wieder die Frage gestellt, ob er sich nicht verantwortlich für den Weltkrieg fühle, den Japan im pazifischen Raum führte. Aber im Gegensatz zwischen Shogun und Kaiser wird dann klar, daß Japan seine Herrscher als das nahm, was sie wohl waren: als gewaltige Krieger, die ihre Geschichte änderten oder prägten, in Kabalen und Intrigen ihren Mann standen, manchmal auch in der Liebe oder der Poesie. Der Kaiser ist Abkömmling von Göttern, und viele Japaner, die über Autos, Auslandsreisen und modernem Geschäftsgebaren sich dessen kaum noch bewußt waren, fanden plötzlich zu ihren Ursprüngen zurück. Mit einem Mal wurden sie schaudernd von ihrer Einzigartigkeit ergriffen, für die der Tenno und seine geheimnisvolle Macht steht, die nicht von dieser Welt ist. Im September 1988 mußte sich diese Nation nun die Frage stellen, wie es nach Hirohito weitergehen könne, ob man lediglich ein erfolgreiches Duplikat der Siegermacht Amerika sei, oder aber Abkömmlinge des uralten Himmels, wie er sich über die Halbinsel Ise beugt, wo der Spiegel der Göttin Amaterasu aufbewahrt wird.

Um Licht in den Ursprung des japanischen Kaisertums zu bringen, kann man sich verschiedener wissenschaftlicher Methoden bedienen, kommt damit aber vermutlich weniger weit, als wenn man sich die Legenden vorführt, die noch heute auf das Bewußtsein der Japaner einwirken. So sehr sich das Land seit der Meiji-Restauration mit Begeisterung auf die Wissenschaften geworfen hat, die es ermöglichen, den eigenen Wohlstand zunächst durch radikale Reform der Infrastruktur und später durch Exporte gleichwertiger oder besserer Produkte zu heben, so sehr war jede Wissenschaft verpönt, die Fragen nach den geheiligten Ursprüngen stellte.

Das Datum der offiziellen Reichsgründung um 660 v. Chr. muß auf jeden Fall angezweifelt werden. Schriftliche Dokumente über den Anfang des kaiserlichen Japan sind spärlich, und die ersten dieser Quellen kommen aus China, aus den Annalen des Wei-Reichs, die um 297 n. Chr. feststellen, im

*Seit Monaten ist der Gesundheitszustand des 87jährigen Regenten sehr besorg-
niserregend und labil*

Lande Japan könnten selbst Frauen Herrscher werden, auch hielten sich die Bewohner Sklaven, sprächen dem Alkohol gern und üppig zu und hätten mehrere Frauen. Der Beginn des Kaisertums und damit des politischen Japans darf daher etwa auf das dritte oder vierte Jahrhundert unserer Zeitrechnung datiert werden, auch wenn die offizielle Chronologie Nippons ganz andere Zahlen nennt.

Eine ganze Reihe von Hochkulturen verfügt damit faktisch über ein weitaus höheres Lebensalter als Japan – China, Ägypten, Griechenland, Persien und Indien, um nur einige zu nennen. Das sieht in der Mythologie natürlich ganz anders aus. Am Anfang sind da die Götter, teils namenlos, die auf der Weltbühne auf- und abtreten, ohne daß es dafür Erklärungen gibt. Wie in der Bibel müssen Erde und Meer voneinander getrennt werden, und um im Tumult der widerstrebenden Elemente die Erde zu befestigen, gehen Izanagi und Izanami mit einem juwelengeschmückten Speer ans Werk. Mit diesem schlagen sie auf die Fluten ein. Was von ihrem Speer, gefangenen Fischen gleich, heruntertropft, wird zu den japanischen Inseln. Das Kommen und Gehen der Götter nimmt noch kein Ende, und Izanami gebiert den Gott des Feuers, läßt aber dabei ihr Leben. Vergebens versucht der liebeskranke Izanagi, sie aus der Unterwelt zurückzuholen. Von Schrecken erfüllt muß er entdecken, daß seine tote Geliebte bereits in den Zustand der Verwesung übergegangen ist. In einem aufwendigen Prozeß der Reinigung schüttelt Izanami dieses grausige Erlebnis ab, und aus seinem linken Auge tritt die Sonnengöttin Amaterasu Omikami ins Leben, die Sonnengöttin, die zur Zentralfigur des Shintoismus, der japanischen Hauptreligion, wird.

Ihr Bruder ist Susa-no-o, der Gott des Sturms, dessen rüdes Benehmen sie einmal so sehr beleidigt, daß sie sich in einer Höhle verborgen hält, sehr zum Kummer von Menschen und Göttern, die gleichermaßen fühlen – wie auch in der griechischen Mythologie sind die Götter Nippons durchaus mit menschlichen Eigenschaften versehen. Lange Zeit gelingt es nicht, Amaterasu aus ihrem Versteck hervorzulocken, bis endlich eine andere Göttin auf den Einfall kommt, einen komischen Tanz zu veranstalten, bei dem sie nach und nach all ihre Kleidungstücke von sich wirft. Darüber brechen natürlich alle Beteiligten in ein schallendes Gelächter aus, bis endlich Amaterasu, von Neugier beflügelt, den Kopf aus ihrer Höhle streckt. Vorgehalten wird ihr dabei ein Spiegel, in dem sie sich staunend bewundert. Es ist Amaterasus Enkel, der als erster aus dem Göttergeschlecht in Japan Fuß faßt, als er auf einen Berg in Kyushu im Süden des Landes herabsteigt. Es ist ihr Urenkel Jimmu, der sodann zum ersten Kaiser Japans wird und damit zum Begründer einer Dynastie, die oft als älteste der Welt bezeichnet wird.

Japan, und das scheint nun wieder einigermaßen wissenschaftlich gesichert, wird von verschiedenen Sippen beherrscht, von denen einige aus der Gegend des heutigen Malaysia, andere aus Korea gekommen sein mögen. Chinesische Chroniken berichten denn auch nicht ohne Grund, auf der Insel Japan gäbe es hundert Länder. Jedenfalls gewinnt im 3. und 4. Jahrhundert nach Christus ein ganz bestimmter Clan die Oberhand: die Tenno-Sippe, die aus dem südlichen Kyushu stammt. Die Tennos gründen ihr Reich in der Ebene von Yamato, die zwischen den späteren Städten Nara, Kyoto und Osaka liegt. Das Kaiserhaus der Tenno, das seinen Einstieg in die Geschichte vor allem aufgrund seiner Kriegskunst vollzieht, sieht sich vor der Aufgabe, ein Regelwerk zum Regieren zu entwickeln, und kann das nicht, ohne sich auf andere mächtige Clans zu stützen. Vor allem die Sippe der Fujiwara ist dabei von unermeßlicher Hilfe. Und wenn dieses frühe Japan nach Vorbildern für seine Existenz sucht, dann sieht es vor allem auf China, dem es bis heute unendlich viel verdankt – den Tee, den Sonnenschirm, die Schrift und die

Bürokratie. Wie in China wird der Tenno als Sohn des Himmels begriffen, und so wird es dann im Taiho, im Gesetzeskodex von 702 festgeschrieben.

Der Kaiser ist Zentralherrscher, aller Landbesitz wird aufgehoben, das Land öffentlich und damit nur dem Kaiser verfügbar, der Lehen vergeben kann. Die erste neue Hauptstadt heißt Nara.

Um inneren Frieden zu halten, versuchen die Kaiser die Clans aufzulösen. Das gesamte Reich wird in Provinzen und Distrikte aufgeteilt, die von Gouverneuren betreut werden. Es entsteht ein Hochadel, der bis in die Neuzeit wirkt. Seinen Reichtum und damit seine Macht stellt das Kaiserhaus durch ein striktes System der Besteuerung her. Vor allem Fischer und Bauern müssen auf mannigfaltige Weise Abgaben errichten, teils in Naturalien, teils in einfachen Feldsteuern oder in Fronarbeit.

Dennoch spielen die Kaiser eine immer schwächere Rolle. Im Jahre 857 ist das oberste Amt der zentralen Hofregierung schon seit 87 Jahren nicht mehr besetzt, als sich ein Yoshifusa Fujiwara zum Großkanzler macht. Das Unerhörte ereignet sich: der Tenno muß abdanken, sein erst acht Jahre alter Enkel gelangt auf den Thron. 884 wird der Tenno auch offiziell um jede Macht gebracht, und die Sippe der Fujiwara regiert von Heian, dem heutigen Kyoto, aus bis ins elfte Jahrhundert hinein. In dieser Heian-Zeit entwickelt sich auch eine Kriegerklasse, deren Samurais viel Anlaß zu Abenteuergeschichten und Nachahmung geboten haben. Auf den Geist der Samurais haben später auch Militärs geschworen, die mit modernsten Waffen den japanischen Imperialismus in weite Teile Asiens trugen.

Es hat Zeiten gegeben, da waren Nippons Kaiser so machtlos dem Regiment ihrer Shogune ausgeliefert, daß sie mühsam als Mönche oder als Bettler ihr Dasein fristeten. Und über Jahrhunderte hinweg waren sie politisch nur ein Symbol, wenn auch Hohepriester des Shinto. Daß sich Japan wieder auf seine Kaiser besann und das Regiment der Shogune abschüttelte, wäre ohne den Einfluß des Westens kaum geschehen, oder zumindest nicht so.

Bis Mitte des 19. Jahrhunderts konnte das japanische Reich unter den Tokugawas seine Abgeschlossenheit beibehalten. Der Kaiserhof mit seinem Verwaltungsapparat, der nach dem Vorbild Chinas nur für Mitglieder der Aristokratie zugänglich war, war zwar intakt, doch politisch bedeutungslos. Es waren die Clans, die Japan regierten, sich die Macht gelegentlich teilten, überall in der Verwaltung und besonders im Heer die wichtigen Positionen besetzten. Über Jahrhunderte hinweg haben diese Clans, besonders in der Tokugawa-Zeit, soziale Veränderungen unterdrückt und den normalen Japanern jegliche Aufstiegschance genommen, was sich vor allem in der Epoche des geschlossenen Landes (*Sakoku*) lähmend im Vergleich mit Entwicklungen etwa in Europa auswirkte.

Kritik an dieser Starre kam im 19. Jahrhundert vor allem von jungen Samurais aus den Clans der Satsuma, Choshu, Tosa und Hizen auf, die sich, wenn auch nicht infolge eigener Erfahrung, als vielmehr durch die sogenannten Rangakusha, durch Holland inspirierte Gelehrte, ein eigenes Bild von der Gestalt westlicher Länder formten. Es war also in Japan schon einiges für das Ereignis vorbereitet, das als das Landen der schwarzen Schiffe bekannt ist.

Der amerikanische Commodore Matthew C. Perry landete mit seinem kleinen Geschwader am 8. Juli 1853 vor Uraga, darunter den, für Japan unerhört, mit Dampfmaschinen ausgestatteten Fregatten »Susquehanna« und »Mississippi«. An Bord befand sich auch der Journalist Bayard Taylor, der in seinem Tagebuch wohl richtig einschätzte, der Anblick von zwei so riesigen Dampfschiffen müsse »die Eingeborenen mit größtem Erstaunen« erfüllt haben.

Besonders anschaulich hat diese Wirkung der Schriftsteller Baba Bunyei für die Nachwelt festgehalten, der berichtet:

>>Die Stadt Yedo (das heutige Tokio) und die Dörfer der Umgebung waren in Aufruhr, der Krieg schien unmittelbar bevorzustehen; die Menschen schleppten ihre Kostbarkeiten und Möbel fort, um sie bei Freunden zu verbergen, die vielleicht sicherer wohnten ... Die Aufregung der Bevölkerung bei der Nachricht von einer Invasion war unbeschreiblich ... Nach allen Richtungen flohen Mütter mit ihren Kindern auf dem Arm und Männer mit ihren Müttern auf dem Rücken. Gerüchte einer unmittelbar bevorstehenden Schlacht – von Bericht zu Bericht immer übertriebener – überwältigten mit Furcht die Furchtbeladenen. Das Stampfen der Pferde, die Rufe der bewaffneten Krieger, der Lärm der Karren, der Aufmarsch der Feuerwehren, das Gekreisch der Frauen, das Kindergeschrei, das unaufhörliche Geläut der Tempelglocken, all das erfüllte die Straßen von Yedo, eine Stadt von mehr als einer Million Menschen, und machte die Aufregung noch größer.<<

Es ging alles jedoch glimpflicher ab, und es endete mit dem Abschluß von Handelsverträgen. Damit hatte der Westen nach Jahrhunderten über die USA einen Fuß in der sonst so fest geschlossenen Tür des japanischen Hauses, und für Japan selbst wurde das Ende seines Mittelalters besiegelt. Wie den europäischen Mächten war es auch den Amerikanern vor allem daran gelegen, das hinter Nippon liegende Reich der Mitte als anscheinend unerschöpfliche Rohstoffquelle wie auch als Absatzmarkt zu erobern. Präsident Millard Fillmore sicherte sich in Japan einen Hafen und schloß am 31. März 1854 einen Friedens- und Freundschaftsvertrag mit den Japanern ab. Engländer, Holländer und Russen unterzeichneten wenig später ähnliche Verträge, Preußen folgte 1861.

Mit all diesen von außen über sie gekommenen Neuerungen wurden die Vertreter des Shogunats nicht fertig, zumal ihre mit Vorsicht gesteuerte Reformpolitik, die nach der Einsicht bestehender Zwänge verfuhr, heftig kritisiert wurde. Die extreme Verschuldung von Samurai und Bauern schürte zusätzlich soziale Unruhen. Das Land stand an der Schwelle zu einem Bürgerkrieg, der jedoch in eine einzige Schlacht mündete: Anhänger des Kaisertums, die sich zunächst vehement gegen jede Öffnung Japans mit dem Ruf »Verehrt den Tenno, verjagt die Barbaren« ausgesprochen hatten, änderten ihre Auffassung, und das Daimyat Choshu rief eine Freiwilligenarmee ins Leben, der es gelang, die Truppen des Shogunats zu schlagen. Die Rebellionen in verschiedenen Landesteilen wollten gleichwohl nicht zur Ruhe kommen, und so schrieb am 9. November 1867 der Shogun Tokugawa Yoshinobu an den erst 15 Jahre jungen Kaiser Mutsuhito einen Brief, worin er alle Macht von sich gab. Die Kaiserpartei eroberte den Rest des Landes, vor allem Edo, das heutige Tokio, und verkündete am 3. Januar 1868 ihre neue Regierung. Kaiser Mitsuhito, genannt dann Meiji Tenno, gab der folgenden Epoche seinen Namen.

Der Sieg des Tennos – der Beginn der Neuzeit

Meiji heißt etwa »erleuchtete Regierung«, und Japan, das nie eine Aufklärung der Europas vergleichbar erfahren hatte, ging nun mit Riesenschritten in die Neuzeit. Angetrieben wurde es von dem Ehrgeiz, nicht der Macht derer unterworfen zu werden, von denen es jetzt zu lernen hatte, aber auch von einem eigenen Bildungshunger, dem Erlebnis der geistigen Schönheit, die in bestimmten Wissenschaften und Künsten liegt. Schon für die jetzt zum System erhobene Berührung mit fremden Diplomaten mußte unendlich viel nachgelernt werden. Ins Ausland entsandte Delegationen brachten Kunde davon, daß es dort Brauch sei, sich in Schuhen auf glattem Parkett zu bewegen und dabei zu Klängen seltsamer Musik fremde Frauen zu umfassen und drehend zu halten. 1883 wurde in Tokio daher der Rokumeikan gebaut, eine Art Übungshalle, wo der japanische Gentleman lernte, sich im Tanz zu wiegen und mit Champagnergläsern anzustoßen. Drei Jahre später kam es auf einem Maskenball zu einer Art Probe des bislang Erlernten, und die Japaner erschienen zuhauf verkleidet als Schmetterlinge und Käfer, was unter den Ausländern nur mühsam kaschierte Lachanfälle auslöste.

Die Meiji-Zeit steht vor allem für eine Reihe politischer und technisch-wirtschaftlicher Neuerungen. Der Abschied von alten Zeiten wurde schon deutlich, als sich der Tenno vom Kaisersitz Kyoto verabschiedete und am 18. April 1869 in die Zentrale der Shogune nach Edo zog. Zweitausend Samurais warfen sich vergebens vor ihm auf die Erde und flehten darum, er möge sich nicht durch die Berührung der fremden Bastarde beflecken, die dort auf ihn warteten. Als dann Meiji drei Wochen später doch dort eintraf, wo Nippons Kaiser bis heute residieren, begrüßten ihn dort auf den Mauern Plakate, die noch einmal seinen Haß auf alles Ausländische aufrütteln wollten: »Die Vertreibung der Barbaren ist das wichtigste Gesetz des Landes.« Politisch begann mit Meiji nach dem Feudalismus die Zeit des Konstitionalismus, auf keinen Fall aber schon die Demokratie. 1868 hatte Meiji im sogenannten »Gnadeneid« einen beschränkten Einfluß der Öffentlichkeit auf die Politik zugesagt. Unter dem Einfluß des deutschen Staatswissenschaftlers Hermann Roesler wurde an einer Verfassung gearbeitet, die am 1. Februar 1889 feierlich proklamiert wurde, und die regelt, daß der Kaiser das Kaiserreich Groß-Japan beherrscht und regiert, seine Macht aber nur mit Zustimmung des Reichsparlaments ausübt. Dabei bedurfte jede kaiserliche Verordnung der Zustimmung der Politiker, jedes Reichstagsgesetz mußte noch durch den Tenno genehmigt werden. Da nur das Unterhaus gewählt wurde und das Oberhaus aus Mitgliedern der kaiserlichen Familie, dem Adel und aus vom Kaiser ernannten Mitgliedern bestand, fiel Meiji das Regieren nicht allzu schwer.

Die industrielle Revolution mit Eisenbahnen, Dampfschiffen und Stahlwerken vollzog sich in atemraubendem Tempo. 1872 fuhr der erste Zug auf der Strecke von Shimbashi, Tokio, nach Yokohama. Ab 1873 entstanden überall moderne Baumwollspinnereien. Stahlbrücken spannten sich über Flüsse, und 1890 verfügte Tokio bereits über eine Telefonzentrale, in der 17 in Kimono gewandete Frauen den Dienst für vorerst 179 Kunden verrichteten. Den deutschen Einfluß auf die Meiji-Zeit preisen die Japaner noch heute. Ito Hirobumi, Fürst und viermal Premierminister, unternahm schon 1863 eine Europareise und wurde zum wichtigsten Reformator der Zeit. Ihm sind die Verfassung und demokratische Freiheiten zu danken, auf ihn aber geht auch das erwachende Großmachtdenken Japans zurück. Der Fürst ließ sich in Wien von Lorenz von Stein beraten, traf aber vor allem in Berlin auf Bismarck, den er seitdem bewunderte. Eine Karikatur zeigt ihn, wie er vor dem Spiegel stehend die martialische Gestik des Preußen nachahmt. Auch der neue militärische Generalstab Japans wurde nach deutschem Vorbild organisiert. Waffenschmieden, Schmelz- und Hochöfen entstanden mit Hilfe holländischer Ingenieure. Japan produzierte schon bald eigene Geschütze und die dazugehörige Munition. Die allgemeine Wehrpflicht wurde eingeführt. Nach preußischem Vorbild trennte eine Justizreform Gericht und Verwaltung. Die Zeit wurde nach dem Gregorianischen Kalender bestimmt. Studienreisen ins Ausland häuften sich, aber es kamen vor allem ausländische Experten nach Tokio. Amerikaner übernahmen das Post- und Schulwesen und organisierten die Landwirtschaft, Engländer kümmerten sich um den Ausbau der

Eisenbahn, eines telegraphischen Systems und um den Aufbau einer Kriegsmarine, und Deutsche erklärten sich für zuständig, wenn es um Universitäten und Medizinschulen ging – noch heute sprechen ältere japanische Ärzte deutsch.

Die Meiji-Restauration war einerseits umfassende Modernisierung eines Landes, das lange im Mittelalter verharrt hatte, aber auch eine Wiederherstellung des Kaisertums, das rund tausend Jahre im Schatten leben mußte. Eine Restauration der Monarchie wurde von der Abschaffung der alten Daimyate und der Einteilung des Landes in Präfekturen begleitet, nicht zuletzt aber von dem alle ergreifenden Motto: Macht das Land reich und das Militär stark! Der Import westlicher Technologie brachte keineswegs auch eine Einfuhr westlicher Wertvorstellungen mit sich – und tut es bis heute nicht. Mit der Meiji-Restauration kam auch ein mystischer Nationalismus auf, der Japan als ein unbesiegbares Gebilde verstand, beschützt von seinen machtvollen Gottheiten. Der Text der Nationalhymne (Kamiᵧayo), der aus dem 10. Jahrhundert stammt, aber noch immer die vermeintliche Einzigartigkeit der Nation anspricht, läßt etwas davon ahnen:

»Deine Herrschaft daure
Zehntausende von Jahren,
bis aus Steinen Felsen werden,
die das Moos bedeckt.«

Der Hofmusiker Hiromori Hayashi komponierte dazu die Melodie, die dann Franz Eckert, der von 1879 bis 1898 als Leiter der Marinekapelle in Japan wirkte, in eine für westliche Instrumente spielbare Fassung brachte. Dem Kaiser wurde die religiöse Inbrunst atmende Hymne zum ersten Mal bei seinem Geburtstag im Jahre 1880 vorgespielt, acht Jahre später wurde sie zur offiziellen Nationalhymne ernannt. Daß Japan unter Kaiser Meiji seine Jahrhunderte alte Unbeweglichkeit wie mit einem Zauberschlag überwand und auf die

Bühne der Weltpolitik trat, dürfte auch der Grund für Hirohitos tiefe Verehrung für den Regenten sein. In einem seiner seltenen Interviews antwortete Hirohito auf die Frage, welche Persönlichkeit ihm am meisten beeinflußt habe, dies sei die Gestalt seines Großvaters gewesen.

Doch auch sein Vater Taisho, der von 1912 bis 1926 regierte, imitierte sein väterliches Idol bis hin zu karikierender Übertreibung, wozu sein geschwächter Geisteszustand vermutlich den Ausschlag gab. Taisho trug mit Vorliebe preußische Uniformen und dazu einen Schnurrbart wie Wilhelm II., gefiel sich im Gespräch darin, mit französischen Ausdrücken um sich zu werfen und sammelte Bilder der französischen Impressionisten, vor allem Monet, Degas und Manet – weshalb noch heute das japanische Publikum in jede Impressionismus-Ausstellung strömt. Daß Meiji auch in seinem persönlichen Lebensstil westliche Sitten schätzte, ist bekannt. Seine Liebe zum Burgunder, sein westliches Bett und geheizte Räume gehörten dazu. Und wenn die *Court Gazette*, das Publikationsblatt des Kaiserlichen Haushalts, eine Liste mit den Namen von zwölf erlesenen Damen des Hofstaats veröffentlichte, so wußte ein jeder, daß am Abend Meiji vor einer der Blumen aus diesem Damenflor sein seidenes Taschentuch fallen lassen werde, woraufhin die Holde dem Tenno in sein geheiztes Gemach folgen würde.

Taisho wollte es hingegen auf dem mehr privaten Pomp seines Vaters nicht beruhen lassen, und gab 1904 den Auftrag zum Bau des Palastes von Akasaka, der ganz deutlich, wenn auch in kleineren Maßen, Versailles zum Vorbild hat. Auch nahm er sich weitaus größere Vorbilder für den Ablauf seines, wie sich dann zeigte, kurzen Lebens – Cäsar, Alexander den Großen, Ludwig XIV. und den deutschen Kaiser. Selbst als er noch bei Verstand war, begriff er das kunstvolle Netzwerk aus Intrigen und oft nur angedeuteten Beziehungen nicht, in das der Kaiser von Japan schon bei Geburt gehüllt wird, und

Hirohitos Eltern: rechts seine Mutter, Kaiserin Dowager, und links sein Vater, Kaiser Yoshihito

erteilte Befehle, die bald niemand mehr ernstnahm. Taisho dachte wohl, es komme nur darauf an, als Kaiser Befehle zu geben. Das artete später in eine geistesverwirrte Lässigkeit aus, in der er mitunter vergaß, was er just zu tun im Begriff war. So trat er etwa vor das Parlament, um aus einer Schriftrolle eine feierliche Erklärung abzulesen, konnte sich dann aber plötzlich auf nichts mehr besinnen, rollte das Schriftstück zu einem papierenen Teleskop zusammen und betrachtete durch diese Röhre feindselig alle möglichen politischen Widersacher, während die Abgeordneten sittsam den Atem anhielten. Oder er wußte nicht mehr, warum sich gerade der belgische Botschafter vor ihm aufs Knie ließ, der wie alle diplomatischen Vertreter kaiserlicher Akzeptanz harrte, und tätschelte plötzlich gedankenverloren des guten Mannes Glatze, der sich auf einen solchen Empfang gewiß nicht gerüstet hatte.

Auch ist anzuzweifeln, ob Taisho viel von den politischen Umtrieben seiner Tage verstand, von den Plänen und Gelüsten des Generals Katsura Taro etwa, der von 1901 bis 1906 und dann von 1908 bis 1911 Premierminister war und an umfangreichen Plänen zur Eroberung der Philippinen, Malaysias und Indonesiens brütete. Mit ihm wollte Taisho regieren, als es fünf Mal hintereinander zu keiner Kabinettsbildung kam. Dieser Auftakt der Taisho-Ära mißriet auf der Stelle, als in heftigen Straßendemonstrationen in Tokio, Osaka und Kobe Widerstand gegen Katsura aufkam, der von vielen Konservativen mitgetragen wurde. Der Premierminister mußte nach nur 53 Tagen Amtszeit zurücktreten.

Taishos erstgeborener Sohn Hirohito wurde derweil auf die Aufgabe vorbereitet, eines Tages den kaiserlichen Thron zu besteigen. Der junge Prinz nahm damals schon Unterricht in Strategie.

JAPAN UNTER DEM 124. TENNO

Viel bekommen die Japaner von ihrem Kaiser nicht zu sehen. Er zeigt sich zu Neujahr und bei seinem Geburtstag hinter inzwischen kugelsicherem Glas, nachdem ein offensichtlich nicht zum Äußersten entschlossener Attentäter mit einer Zwille auf ihn geschossen hatte. Der Tenno hat zwar ein umfangreiches Bündel gesellschaftlicher Verpflichtungen, hält sich aber dennoch vor der Öffentlichkeit sehr zurück. Hinzu kommt, daß die Bevölkerung von Medien informiert wird, die über eine extrem hohe Schamschwelle verfügen, wenn es darum geht, biographische Einzelheiten über Hirohito mitzuteilen.

Während der langen Krankheit des Tennos belagerten zwar Hunderte von Reportern den Kaiserpalast und teilten pflichtgemäß die wenigen medizinischen Daten mit, die der Kaiserliche Haushalt preiszugeben geruhte. Auf den Bildschirmen der fernsehwütigen Nation hingegen sah man vor allem den Kaiser, wie er die Pracht blühender Blumen bewunderte. Mit dem gewiß nicht spärlichen Bildmaterial der Fernseharchive wurde nur höchst beschränkt umgegangen, wohl auch, weil es nicht geraten erschien, das Bild eines menschlich gewärtigen Kaisers vorzuspiegeln, das so der Wirklichkeit nicht entsprochen hatte.

Im Laufe der kaiserlichen Krankheit entspann sich zwischen Regierung und Kaiserlichem Haushalt ein Disput darüber, was überhaupt die Öffentlichkeit über den Patienten erfahren dürfe. Norikatsu Sasagawa, Rechtsprofessor an der Internationalen Christlichen Universität, fand das Verfahren zutiefst undemokratisch und urteilte: »Der Gesundheitszustand des Kaisers wird wie ein militärisches Geheimnis behandelt.« Ob demokratisch oder nicht, für die Regierung standen andere Gesichtspunkte voran. Beim Ableben seiner

Majestät mußte dafür gesorgt werden, daß die neue Epoche unter Kronprinz Akihito, der seinen kaiserlichen Namen noch nicht erhalten konnte, einen eigenen Titel erhielt, der auf allen offiziellen Dokumenten, auf Pässen, Kaufverträgen, Grundstücksübereignungen, amtlichen Verlautbarungen erscheinen mußte. Dafür war eine Unmenge Arbeit, aber auch ein Berg von Papier und Stempelfarbe vonnöten, weshalb zu Beginn der Krankheit sogleich an den Börsen in diesen Artikeln heftig spekuliert wurde.

Verdrossen teilte Kabinettsekretär Keizo Obuchi den Reportern mit, er werde den Palast ersuchen, in seiner Informationspolitik etwas offenherziger zu sein – die dann prompt über die Medien verbreitete Bitte hatte eine gewisse, doch nur beschränkte Wirkung. Die täglich mehrfach erfolgende Unterrichtung der Öffentlichkeit endete meist in der Standardformel: »Der Zustand des Tenno ist als stabil zu bezeichnen«, detaillierten Fragen wurde ausgewichen. Es kam zu recht unterschiedlichen Interpretationen durch Palast und Regierung, und selbst wenn Ärzte aufgrund der vorhandenen Daten etwas genauer wurden und Reporter entsprechend nachhakten, fand der Palastsprecher Formulierungen wie: »Diese Art von Gerücht hat nichts mit uns zu tun«, oder: »Ich weiß nicht, wer solche Dinge sagt, doch wir übernehmen keine Verantwortung dafür.«

DER JUNGE KAISER

Der Palast war das geblieben, was Prinz Mikasa, Bruder des Tenno, schon 1956 als ein »Gefängnis ohne Gitter« bezeichnet hatte, und was der Genro-Fürst Ito 1910 so beschrieben hatte: »Es ist wirklich ein hartes Schicksal, als Kronprinz geboren zu werden. Sofort, wenn er auf die Welt kommt, wird er überall mit den Banden der Etikette gefesselt, und wenn er größer wird, muß er nach der Pfeife seiner Erzieher und Räte tanzen.«

Der Palast von Kaiser Hirohito hat die Adresse: Nr. 1 Chiyoda, Chiyoda-ku, Tokio. Die Wucht und Höhe seiner Mauern wird durch einen gewissen Schwung der steinernen Linien, durch die Idylle seiner Wassergräben und durch die Lieblichkeit seiner Brücken, Laternen und Pflanzen gemildert. Dennoch wirkt er wie eine Festung gegen die Ströme der Neuzeit, wie sie im nahen Geschäftsviertel Marunouchi Einzug gehalten haben, und führt, wenn auch mit allerlei Zutaten der Neuzeit versehen, sein eigenes Leben. Unter ihm breitet sich das Gewölbe des Bunkers aus, den der Kaiser kurz vor dem japanischen Angriff auf Pearl Harbor anlegen ließ – man wird nie erfahren, ob das in der Voraussicht geschah, daß sich das Schicksal dieses Krieges gegen Nippon wenden würde. Angeblich ist dieser Bunker durch einen Geheimgang mit dem Parlament verbunden, doch wird darüber geflissentlich geschwiegen – vor allem, wenn westlich unverfrorene Journalisten danach fragen sollten.

Auf dem Palastgelände sind 245 Personen in 238 verschiedenen Haushalten als wohnhaft gemeldet, ohne die Angestellten des Haushalts mitzuzählen, die die Amtsgeschäfte des Kaisers verwalten und den Kontakt zu Reichstag und Regierung halten. Der Palast verfügt über ein eigenes Krankenhaus, einen Friedhof, ein Laboratorium, in dem sich der

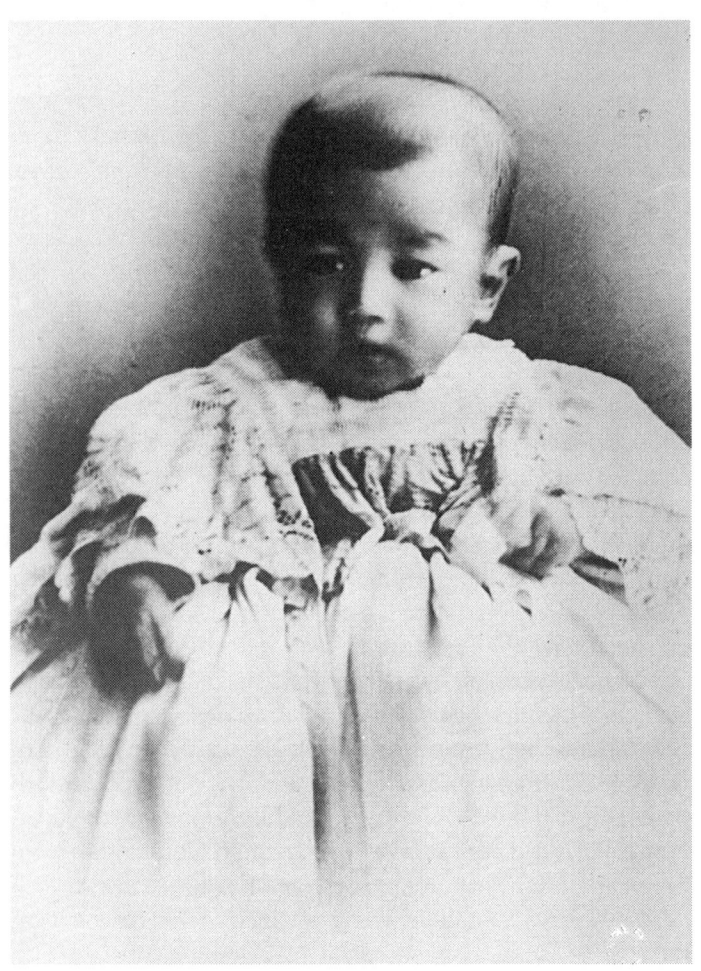

Der spätere 124. Tenno als Baby ...

Tenno zusammen mit einer Reihe wissenschaftlicher Mitarbeiter seinem Lieblingsobjekt der meeresbiologischen Forschung hingibt, dazu über Reitställe und Tennisplätze, Gärten und eine Hühnerfarm. Die Regel, daß in der unmittelbaren

Nachbarschaft des Palastes kein Gebäude stehen darf, das diesen überragt, ist längst aufgehoben – die Vorschrift, daß niemand auf den Kaiser herabschauen dürfe, ist durch die extreme Landnot des Stadtmonsters annulliert worden. Als sich jedoch herausstellte, daß man mit dem Fernglas vom Kasumigaseki-Hochhaus direkt in die Wohnräume des kaiserlichen Paares schauen konnte, wurden davor doch eiligst Bäume gepflanzt. Es gibt zwar ein Foto, das Hirohito sonnenbadend auf der Terrasse zeigt, doch druckt ein solches Bild hier kaum ein Blatt ab.

Nur noch drei Bergfriede sind von dem erhalten, wo bis 1868 die Shogune der Tokugawa-Zeit wohnten, auch sind nur 9,6 Kilometer der Schloßgräben übrig, die früher feindliche Angriffe abwehrten. Breite Straßen führen ins Innere, auf denen nur 30 Kilometer in der Stunde gefahren werden darf, und man sieht, unauffällig und doch stets spürbar, Geheimagenten mit Sprechfunkverbindungen plaziert. Außer Besuchern wirkt dort noch die sogenannte »Besengarde«, die vielleicht Zeugnis dafür ablegt, daß der Kaiser nach Kriegsende beliebter wurde als vorher: Es sind Frauen, die sich aus allen Landesteilen zum freiwilligen Dienst in Garten und Park melden, um dort zwischen Ahorn, Kirschbäumen, Fichten und Weiden Unkraut zu jäten. Die Liste der Bewerberinnen ist lang, sechs Monate Wartezeit sind nicht ungewöhnlich, und die Entlöhnung besteht in jeweils einer Schachtel mit Zigaretten, die eigens für den Palast hergestellt werden und den Aufdruck der kaiserlichen Chrysantheme zeigen. Man darf davon ausgehen, daß diese köstliche Gabe von keinem Empfänger wirklich gebraucht wird.

Japanische Prinzenerziehung

Das Milieu, in das Hirohito geboren wurde, war damals sicher noch weit abgeschirmter als heute, und in Japan war seinerzeit kein Zweifel daran erlaubt, daß der Palastherr tatsächlich göttlicher Herkunft und absoluter Souverän der Nation war. Vater Taisho, der unglückliche Tenno mit krankhaft behinderter Denkfähigkeit, die sich bis zum Einstellen einer Gehirnthrombose 1919 spürbar steigerte, hatte zu seiner Gemahlin die Prinzessin Sadako ausersehen, die aus dem Geschlecht der Fujiwara stammte. Die Fujiwaras hatten seit je das Kaiserhaus unterstützt. Sadako unterwarf sich, so weit man weiß, ohne Widerspruch den harten Bedingungen für diese Erziehung. Wie man Jahrzehnte später bei der Verehelichung der bürgerlichen Industriellentochter Michiko mit dem Kronprinzen Akihito genauer erfahren sollte, wartet auf die Frau, die in den Kaiserpalast einheiratet, ein dumpfes Ritual unendlich vieler Verhaltensweisen, die von den Hofschranzen vorgeschrieben werden, und die Versuche, ein eigenständiges, gar fröhliches Leben zu führen oder Konventionen ein wenig zu lüften, scheitern zumeist – Michiko etwa verfiel nach kurzer Zeit schweren Depressionen, und ihre junge Lieblichkeit wurde alsbald von den Schatten solcher Zwänge verdüstert.

Allerdings hatten weder die Gemahlin Hirohitos noch sonst jemand später in der kaiserlichen Familie mit solchen Auflagen zu tun wie die Prinzessin Sadako. Denn um Ehefrau zu werden mußte sie zunächst nur Geliebte sein. Nur bei einer Schwangerschaft hätte sie Taisho als Gemahlin anerkennen dürfen, und auch dann wieder nur, wenn ihm, damals noch Kronprinz Yoshihito, ein Junge geboren wurde, der die Erbfolge sichern konnte. Hätte nun Sadako ein Mädchen auf die Welt gebracht, wäre ihr gerade noch eine zweite Chance eingeräumt worden. Zu ihrem Glück gebar sie dann aber am 29. April 1901 ihren Sohn Hirohito und wurde mit Yoshihito schon elf Tage danach vermählt. Die Hochzeit fand am 10. Mai 1900 statt.

Der aufmerksame Leser muß an dieser Stelle stutzen. Natürlich ist Hirohito schon im Jahre 1900 geboren, obwohl

*. . . und schon
etwas größer auf
seinem Schaukelpferd*

die meisten Nachschlagewerke das Jahr 1901 angeben. Man
folgt dabei, fälschlich, der alten offiziellen Position, die klar-
machen soll, daß Hirohito ganz ordentlich in angemessener

Zeit nach der Eheschließung seiner Eltern das Licht der Welt erblickt hat. Die Geheimniskrämerei um seine Geburt wurde von Anfang an betrieben, denn daß er damals geboren wurde, hielt man vor der Öffentlichkeit ein ganzes Jahr lang geheim. Als etwas Zeit vergangen war, wurde den meisten Beobachtern optisch der Unterschied zwischen einem Kind von drei oder vier Jahren nicht mehr klar, und wenn es doch jemand merkte, so schwieg er respektvoll oder in Einsicht in die Notwendigkeit, den Fortbestand der Dynastie auch mit solchen Mitteln zu sichern, die in Fernost nicht als sonderlich anrüchig gelten.

Es gibt keine japanische Biographie des Tenno, die sich zu solchen Banalitäten herablassen würde, wie zu beschreiben, wann der kleine Tenno in spe seine ersten Schritte ins Leben tat, ob er gerne sein Kindermädchen ärgerte, böse Träume hatte und ungern *Sushi* aß, um gesäuerten Reis gewickelten, rohen Fisch. Das Kind litt schon früh an einer motorischen Gehstörung, die ihm auch als Erwachsener blieb, und Spötter – selten genug in Nippon – erdreisteten sich, vom »kaiserlichen Schlurf« zu sprechen. Man erzählt sich auch, daß der kleine Hirohito zusammen mit seinen Spielkameraden gern Löcher in jene Papierfenster bohrte, die in japanischen Zimmern ein milchiges Licht erzeugen. Näherte sich dann der Racheengel in Gestalt der Kindermädchen, stand er regungslos da und nahm alle Schuld auf sich in der Gewißheit, daß niemand ihn bestrafen konnte. Damals war er drei Jahre alt.

Der strengen Tradition gemäß wurde er seinen Eltern schon früh abgenommen und in die Obhut des Admirals Sumiyoshij Kawamura gegeben, der sich durch Kriegstaten hervorgetan hatte, auf altjapanische Tugenden schwor und seine Villa von allen westlichen Einflüssen freihielt. Im Alter von nur drei Jahren, jetzt und fortan nach der offiziellen Zählweise, erlebte Hirohito den Tod seines Ziehvaters und wurde daraufhin in den Palast des Kronprinzen gebracht, wo er seine Mutter nur ein oder zweimal die Woche sah, seinen Vater noch weniger. Bei einer dieser Gelegenheiten gefiel sich Taisho darin, den Knaben mit *Sake*, dem Reiswein des Landes, so üppig zu bewirten, daß dieser sich ungemein elend fühlte und für den Rest seines Lebens jedem Genuß von Alkohol entsagte. Daß er gern Whiskey getrunken habe, wie der Biograph des amerikanischen Generals McArthur, William Manchester vermeldet, muß wohl ein Mißverständnis sein.

Mit seiner Erziehung wurde nunmehr Kido Takamasa betraut, dessen Sohn ihm später als Berater in Kriegszeiten und als Lordsiegelbewahrer diente. Kido war noch der Sohn eines Samurai und hatte zehn Jahre in Amerika verbracht, was seinen Widerwillen gegen westliche Usancen sein Leben lang nährte. Durch Kido mag in Hirohito der Grundstein für den Glauben gelegt worden sein, daß die japanische Nation allen anderen überlegen sei.

Kido jedoch pflichtete halb und halb noch dem letzten Mikado des Landes bei, dem 121. Kaiser der Dynastie, dem Komei-Tenno (1847–1867), der vor der Berührung mit anderen Völkern zurückschreckte und daher im Heiligen Schrein von Ise opfern und »für die Vernichtung der haarigen Halbtiere« beten ließ: »Das Ansinnen der Amerikaner ist ein großer Kummer für unser göttliches Land und eine Sache, die wahrhaft lebenswichtig für die Sicherheit des Staates ist. Der Kaiser fühlt zutiefst seine Verantwortlichkeit gegen seine kaiserlichen Vorfahren, besonders gegen jene, die in Ise ruhen. Er befürchtet, daß, wenn man die gesunden Gesetze ändert, die uns aus der Zeit von Ieyasu hinterlassen sind, dies die Grundsätze unseres Volkes sehr beeinflussen und es unmöglich machen würde, dauernden Frieden zu wahren.« Nur war es für Kidos Zeit schon zu spät, die Barbaren noch abzuwehren. Hingegen erschien es ihm und seinen Freunden angemessen, wenigstens die Einzigartigkeit Nippons zu postulieren, was sich nicht zuletzt auch in der Erziehung Hirohitos zeigte.

In der ausgesucht kleinen Klasse, in der Hirohito Unterricht nahm und für sein Leben währende Freundschaften entwickelte, kam man auf kindliche Weise und durchaus im Takt des Zeitgeistes solchen Gedanken gern nach: Es wurde häufig Soldat gespielt, wobei selbstredend die Japaner immerfort siegten. Unter diesen Spielgefährten war Prinz Asaka, Hirohitos junger Onkel, der später für das Massaker von Nanking zeichnete, von dem noch zu reden sein wird; ferner der Marquis Komatsu Teruhisa, später Planungschef der Marine, als Japan mit dem Überfall auf Pearl Harbor in den selbstmörderischen Krieg mit Amerika ging, wie auch Prinz Konoye Fumimaro, der 1937 Premierminister wurde.

Im Jahre 1908 setzte Hirohito seine Erziehung in der Gakushuin-Schule für Gentlemen fort, einem Lehrinstitut für Adlige, dem der alte Haudegen Maresuke Nogi vorstand, ein Mann von furchteinflößendem Äußeren. Im totalen Kampfgeist des Samurai hatte Nogi sich nie geschont und schon mit 16 Jahren ein Auge beim Kendo, dem Fechten mit langen Stöcken, verloren, und 1877 waren ihm bei einem Samuraiaufstand Arm und Bein verkrüppelt worden. Auch Nogi war voller Verachtung, wenn es um den verweichlichenden Luxus ging, den Japan mit seiner Öffnung zum Westen eingeführt hatte; so lehnte er etwa weiche Betten, Geld und feine Unterwäsche ab. Nogi war ein Held, weil er im Krieg mit Rußland den mörderischen Angriff auf Port Arthur geführt hatte, bei dem die Japaner in immer neuen Wellen über die eigenen Leichenberge hinweggestürmt waren – Frank Thiess hat das in seinem bemerkenswerten Roman *Tsushima* geschildert. Bei Port Arthur hatte der General auch seine beiden einzigen Söhne verloren.

Das Ende Nogis sollte so unerbittlich wie sein Leben verlaufen. Er hielt Hirohito, dessen Gehstörung schon erwähnt wurde, nicht nur so sehr zum Lernen an, daß dieser es schaffte, 20–30 000 Schriftzeichen (*kanjis*) zu beherrschen, sondern trieb ihn auch zu sportlichen Leistungen. Der Prinz wurde ein guter Reiter und Schwimmer, spielte leidlich Golf, mußte jedoch auch gelegentlich nackt unter einem eiskalten Wasserfall stehen, um Disziplin zu erlernen.

Trotz aller Erziehungserfolge traute Nogi es seinem Schüler nicht recht zu, als Gottkaiser den Thron einzunehmen, und erhob daher wohlformulierte, letztlich aber nicht überzeugende Einwände, als es darum ging, Hirohito offiziell zum Kronprinzen zu machen. Das geschah am 9. September 1912. Hirohito war gerade zwölf Jahre alt, als sein Großvater Meiji das Zeitliche segnete. Er sollte auch seinen Erzieher Nogi verlieren. Dieser suchte ihn einen Tag vor Meijis großem Staatsbegräbnis auf und ermahnte ihn, der Tradition treu zu bleiben und als jüngster Offizier von Armee und Marine wie als zukünftiger Kommandeur der Nation besser zu studieren. Danach ging er nach Hause und nahm zusammen mit seiner Frau ein Bad, das der spirituellen Reinigung diente. Beide bekleideten sich danach mit neuen, weißen Kimonos und knieten in tiefer Verbeugung vor dem Bildnis Meijis, das der Kaiser seinem General mit einer eigenhändigen Widmung geschenkt hatte.

Dabei nahm die Gräfin Nogi einen Dolch zur Hand – denn Frauen waren des Männertodes der Samurai nicht würdig. Sie stach sich damit in den Nacken und in die Kehle, worauf sie verblutete. Nun erst schritt Nogi zum *Seppuku* und schlitzte sich langsam und absichtlich schmerzhaft den Magen auf, immer darauf bedacht, wie ein großer Samurai den Göttern seinen ernsthaften Willen kundzutun, in Ehren aus dieser Welt zu scheiden. Er hinterließ einen Brief an die Nachwelt, worin er alle Patrioten bat, stets an den kriegerischen Geist der ruhmreichen Ahnen zu denken. Man schrieb das Jahr 1912, und die Ära des Taisho begann. Daß sich dieser Taisho weder im komplizierten Leben der Hofpolitik noch auch in einfachen Staatsvorrichtungen zurechtfand, wurde auf peinliche Weise deutlich, als er bei einer Parade, von kindhafter Neugier getrieben, den Tornister eines gemeinen Soldaten auspackte, weil er schon immer hatte wissen wollen, was sich darin befand. Hirohito übernahm die Regentengeschäfte schon mit dem Jahr 1919, als den Vater besagte Gehirnthrombose restlos von solcher Verantwortung entband.

Bis dahin war Hirohito Objekt einer weitgehenden Vernachlässigung durch seine Eltern, für die wohl weniger seine Mutter Sadako, als der unmenschlich-rituelle Rahmen hofstaatlicher Mechanismen verantwortlich war. Seine Erzieher sprachen andauernd von Politik und impften ihm oft lächerlich chauvinistische Auffassungen von Japans Rolle in der Welt ein. So notierte sein Lehrer in Ethik, Sugiura Jugo, Ansichten wie diese: »In Europa wird nur wenig Reis angebaut. In manchen asiatischen Ländern gibt es zwar Reis, doch nur von geringer Qualität, verglichen mit dem unsrigen. Darum tut mir der Rest der Welt leid, besonders die Europäer.« Diese gefährliche Unausgegorenheit kann in Hirohito nur schlimme Wirkung gezeitigt haben, besonders wenn es dann, bei Jugo, hieß: »Alle starken Nationen gehören zum seltenen arischen Kreis, der eine einheitliche Nation umfaßt ... Unser Kaisertum muß sich entscheiden, die Waffen allein mit dem arischen Clan zu kreuzen.« Dem Unterricht gesellte sich bald, auf ausdrücklichen Wunsch Vater Taishos, noch eine besondere Form der Leibeserziehung hinzu.

Ab 1912 begann sich der Hof nach einer dem hohen Rang des Kronprinzen angemessenen Verbindung umzusehen, nach der Frau seines Lebens, wobei selbstverständlich ein so bürgerliches Gefühl wie Liebe dabei nicht den Ausschlag geben sollte. Die Suche unter den heiratsfähigen Töchtern des Landes sollte allerdings nicht ganz ohne Zutun des künftigen Gemahls geschehen, weshalb ihm seine Mutter, Kaiserin Sadako, dabei entgegenkam, indem sie ihn durch einen Türspalt beobachten ließ, welche Schönheiten sie beim Tee

Kronprinz Hirohito (links) mit seinen beiden Brüdern Nobuhito und Yasuhito

bewirtete. Der Prinz war auf dieses indirekte Rendezvous dadurch vorbereitet, daß er beim Spähen Foto und Lebenslauf der fraglichen Dame in der Hand hielt.

Die Wahl des Kronprinzen fiel auf Nagako, und bis heute heißt es in Japan, es müsse sich wohl um Liebe gehandelt haben, denn andere, schönere Damen wurden dadurch um ihre Hoffnung gebracht. Nagako war die Tochter des Prinzen Kuniyoshi Kuni, der gleichfalls kaiserliches Blut in den Adern hatte und früh für das Reformwerk Kaiser Meijis eingetreten war. Nur als Intrige und Machwerk von abgewiesenen Sippen war es zu verstehen, daß alsbald das Gerücht aufkam, im

Clan der Kuni komme erbliche Farbblindheit vor, und nachdem entsprechende Artikel in die Presse lanciert wurden, sahen die Hofärzte sich genötigt, einen medizinischen Kongreß einzuberufen, der den Vorwurf zerstreute.

Inzwischen war die Erziehung Hirohitos, an der sich zahlreiche Barone, Grafen und Professoren in knieender Stellung beteiligt hatten, so gut wie abgeschlossen. Doch bevor der Prinz Nagako endgültig seine Hand reichte, brach er zu einer Weltreise auf, die seiner Bildung den letzten Schliff geben sollte. Dieser Plan wirkte auf Teile der Öffentlichkeit reichlich extravagant, und in der Presse wurde die Frage laut, ob sich der kommende Tenno nicht etwa erkälten könne, da sich die Barbaren im Westen, wie jeder wußte, mit lautem Getöse durch die Nase schnaubend schneuzten. Auch ging die Besorgnis um, die Reise könne koreanischen Mördern willkommener Anlaß sein, um den Prinzen aus dem Leben zu schaffen. Ein Schreiber warnte vor dem Unverständnis der Europäer, wenn Hirohito nach Brauch seines Landes beim Essen die Suppe schlürfen sollte.

Alle Einwände verhinderten nicht, daß alsbald der Dampfer Katori Kurs in den Pazifischen Ozean nahm, begleitet vom Kriegsschiff Kajima, das Schutz nicht nur gegen koreanische Mörder gewähren sollte. Zunächst lief man Okinawa an, das später das einzige Stück Japans werden sollte, auf dem sich die Amerikaner mit den kaiserlichen Truppen Schlachten lieferten. Hier wollen wir etwas verharren.

Im Herbst 1988, als der Tenno um sein Leben rang, stand der 40jährige Shoichi Chibana vor Gericht, weil er bei einem Sportfest auf Okinawa die Nationalflagge *Hinomaru* zerrissen und verbrannt hatte. Fahne wie *Kimigayo*, die Nationalhymne, so erklärte er vor Gericht und in einem Buch, seien den meisten Einwohnern Okinawas noch immer verhaßt, weil sie Symbole der Unterdrückung seien. Chibana sprach auch über die Verblendung, in der seine Landsleute 1945 gefangen gewesen seien; so hätten sich in einer Höhle in Yomitan, seinem Heimatort, 84 Okinawaner ums Leben gebracht oder seien von ihren Freunden oder Verwandten getötet worden, als sich die Nachricht von der Landung der amerikanischen Truppen verbreitet hatte. Von den 84 seien 47 nur zwölf Jahre alt oder jünger gewesen. Das alles sei ein Ergebnis der stetigen Gehirnwäsche, die schon vor dem Krieg von Tokio ausgegangen sei.

Chibana erinnerte sich auch an die Geschichte seiner Insel, die einmal ein unabhängiges Königreich war. »Okinawa wurde überfallen und kolonialisiert durch den Satsuma-Clan, und zwar auf Geheiß des Tokugawa-Shogunats 1609. Mit Waffengewalt wurde es 1879 zu einem Teil der Präfektur Kagoshima gemacht, stand nach dem Krieg unter amerikanischer Jurisdiktion und wurde 1972 wieder an Japan gegeben. Doch Geschichte und Kultur Okinawas sind kein Teil Japans.«

In späteren Jahren wünschte sich Hirohito, Okinawa wiederzusehen, wobei er wohl daran dachte, mit seinem Besuch alte Wunden zu heilen. Zwar verhinderte eine Krankheit noch 1987 diesen Wunsch, doch die Nationalpolizei traf schon Vorbereitungen, als gälte es, einen Volksaufstand niederzuschlagen. Mit einem letzten Blick auf dieses Eiland der Ryukyu-Kette machte sich der junge Hirohito auf die lange Reise zum Mittelmeer, in Begleitung von zwei Grafen, einem Prinzen und einem General. Über Hongkong und Singapur brauchten sie 25 Tage bis zum Suezkanal, nur auf Ceylon verhielten sie kurz, wo zum Ergötzen des Prinzen 40 Elefanten in einem Kniefall vor ihm niedersanken.

Vier Tage verbrachte man in Ägypten, wobei ein wüster Sandsturm durch Kairo fegte, und nach zwei Tagen in Malta und drei Tagen auf Gibraltar landete die japanische Expedition am 8. Mai 1921 im britischen Hafen von Portsmouth. Es gab all das, worauf ein junger Prinz hoffen konnte, vor allem eine geradezu familiäre Aufnahme durch das britische Königshaus. Hirohito zeigte sich den seltsamsten Allüren der freundlichen Barbaren gewachsen, auch dem Benehmen König Georg V., der ihn, in halbfertiger Toilette, in seinem Schlafgemach zu einer kleinen Plauderei aufsuchte und mitunter väterlich durch den Buckingham-Palast dröhnte: »Alles in Ordnung, mein Junge?«

Auf Briten wie andere Europäer machte Hirohito den allerbesten Eindruck. Man rühmte seine Sprachkenntnisse, wobei er sich sowohl auf Englisch wie auf Französisch zu artikulieren wußte. Man fand es reizend, daß er sich in der Uniform eines britischen Generals fotographieren ließ, man pries seine Bescheidenheit und Intelligenz. Die Reise führte ihn weiter nach Frankreich, wo er Dinge tun konnte, die ihm fortan für den Rest seines Lebens untersagt sein sollten. Er berührte Geld und gab es für kleine Geschenke aus, wanderte allein durch die Straßen von Paris, und als er Jahrzehnte später nach seiner schönsten Erinnerung gefragt wurde, holte er einen vergilbten Fahrschein der Pariser Metro hervor, die ihm wohl Eintrittskarte in ein privates Glück bedeutete, das er nie genießen durfte.

Vor seiner Amerikareise 1975 durfte der Korrespondent des Magazins *Newsweek*, Bernard Krisher, ein Interview mit der Majestät führen, zu dem der Kaiserliche Haushalt nach längerem Zögern mit dem Blick auf die Beziehungen zu den USA eingewilligt hatte. Mit allem Respekt befragte der Amerikaner den Kaiser auch nach seiner Rolle im Zweiten Weltkrieg und erhielt die Antwort: »Ich glaube nicht, daß ich vor und nach dem Krieg verschiedene Rollen inne hatte. Nach meinem Gefühl habe ich mich stets strikt an die Verfassung gehalten.«

Nicht einmal wohlwollende Beobachter mochten glauben, daß Hirohito da die Wahrheit sprach.

Krisher fragte dann: »Hat Ihre Majestät je den Wunsch

empfunden, nur für einen Tag ein gewöhnlicher Mensch zu sein und vollkommen inkognito den Palast zu verlassen, um das zu tun, was Sie wollen? Und wenn ja, was wäre das?«

Der Kaiser antwortete: »Tief in meinem Herzen habe ich diesen Wunsch gehabt.«

Der junge Prinzregent im Alter von 22 Jahren

Vielleicht dachte er dabei wieder an den Fahrschein der Metro in Paris.

Die fürstliche Reisegruppe sah außer Brüssel noch die Schlachtfelder von Waterloo, Ypres und Verdun, stach dann von Toulon aus wieder in See, berührte noch kurz Neapel und war am 3. September 1921 wieder in Tokio.

Im Jahre 1921 war Japan eine aufstrebende Wirtschafts-und Militärmacht mit 56 Millionen Menschen, die – von wenigen Ausnahmen abgesehen – trotz der Geistesgestörtheit des Kaisers Taisho fest an die Göttlichkeit ihres Herrschers glaubten. Unüberhörbar war auch das wachsende Sendungsbewußtsein vieler Japaner in einflußreichen Stellungen, und Hirohitos Europareise hatte ihn nicht so sehr beeindruckt, daß er nicht bald wieder auf die chauvinistischen Einflüsterungen seines Freundeskreises gehört hätte. Unter seiner Leitung entstand bald nach seiner Rückkehr ein »Untersuchungsinstitut für soziale Probleme«, dessen verblasener Titel dann in *Daigaku Ryo*, »Universitätswohnheim«, geändert wurde. Hier fanden Vorlesungen und Debatten unter der Leitung Graf Makinos für einen kleinen Kreis statt, dessen Teilnehmer später Rang und Namen erwarben, als Japan in den Krieg zog.

Der Graf Nobuaki Makino hatte Hirohito auf seiner Europatour begleitet, wurde 1925 für zehn Jahre Großsiegelbewahrer und blieb Zeit seines Lebens Hirohitos Berater. In diesem »Universitätswohnheim« brillierte auch der Doktor Okawa Shumei, dessen Sprachkenntnisse jedermann verblüfften. Er war damals 37 Jahre alt und beherrschte Englisch, Deutsch, Französisch, Chinesisch, Griechisch, Sanskrit, Arabisch, hatte als Spion in China gewirkt und wurde alsbald zum Chefpropagandisten ernannt. Ihm wurde, wie vielen anderen von Hirohitos Freunden, 1946 der Prozeß gemacht, doch spielte er glaubhaft den Geistesgestörten und entkam so dem Urteil, ein Kriegsverbrecher zu sein. Danach lebte er friedlich und weiterhin einflußreich bis zum Jahre 1957.

1920 schon hatten er und Gleichgesinnte im Magazin *»Kriegsruf«* einen Artikel veröffentlicht, in dem die Tonart einer bombastischen Großmannssucht angeschlagen wurde, die für Jahrzehnte Japan verdunkeln sollte: »Das japanische Volk muß der Wirbelsturm werden, der die Menschheit befreit. Die japanische Nation ist von der Vorsehung dazu erwählt, die Weltrevolution zu vollenden. Die Erfüllung dieses Ideals und die militärische Organisation Japans sind das Werk der Geister. Wir glauben daran, daß unsere Pflicht mit der Reform oder Revolution Japans nicht endet, doch müssen wir mit der Erneuerung unserer Nation beginnen, weil wir Vertrauen in die japanische Mission haben, das Universum zu befreien.« Daß dieser agressive Stil nicht etwa nur im geheimen Zirkel der adligen Blutsbrüderschaft laut wurde, geht etwa aus dem Leitartikel der Zeitung *Taisho nichi-nichi Shimbun* in Osaka hervor, die am 21. Dezember 1920 schrieb: »Das Volk und die Götter streben nur danach, diese großartigste aller Aufgaben zu vollbringen: die Welt unter der Herrschaft des Kaisers zu vereinen.«

Der politische Fanatismus war gewiß nicht der einzige Faktor bei der langsamen Hinwendung des Inselreiches auf das Ziel, sich einen Teil der Welt zu unterwerfen. Machtkämpfe unter diversen Adels- und Militärcliquen, die Gier von Konzernen, sich die Nachbarn zu unterwerfen und besonders Chinas Rohstoffe auszubeuten, der Versuch, die von den imperialistischen Großmächten eroberten und längst verteilten Wirtschaftssphären auch Japan zugänglich zu machen und so ein Stück Geschichte durch einen kühnen Akt neu zu schreiben – all das bestimmte die Unruhe dieser Jahre vor dem Krieg mit.

Wie ein himmlisches Zeichen für die großen Erschütterungen, die noch folgen sollten, schlug 1923 das große Erdbeben von Kanto zu. Japan ist ein vulkanisches Land, und es gibt Wissenschaftler, die davor warnen, die noch tätigen Vulkane zu unterschätzen. Die Küsten sind nicht immer freundlich mit sandigen Buchten gesäumt, sondern fallen oft in zerrissenem Lavagestein steil ins Meer. Überall brodelt es dicht unter der Erdoberfläche, und das aufgeheizte Wasser gibt den Japanern zahlreiche Gelegenheit, in heißen Quellen zu baden, wovon sie sich nicht nur Vergnügen, sondern auch Gesundheit versprechen. Mit Erdbeben leben sie in einer mitunter abgestumpften Gewohnheit, zeigen auf jeden Fall nicht das Erschrecken, das den Touristen überkommt, der plötzlich in einem Hotelzimmer das Gefühl haben kann, es fahre unvermittelt eine Lokomotive durch den Raum. Viele Beben sind nichts als ein leises Zittern, das man am Ende nicht mehr bemerkt – doch das Beben von Kanto war wie die Faust eines Teufels zu spüren.

Es dauerte zwar nur fünf Minuten, aber sogar Hirohito floh aus dem Palast ins Freie. An diesem 1. September 1923 stürzte sogar die riesige Buddhastatue in Kamakura, und schlimmer als die direkte Wirkung der zornigen Erde waren die Feuersbrünste, die sich von den offenen Feuerstellen der eingestürzten Häuser aus mit schrecklicher Geschwindigkeit über Tokio und Yokohama ausbreiteten. Die Feuerstürme legten zwei Drittel Tokios und vier Fünftel Yokohamas in Schutt und Asche.

Über die politischen Folgen spricht man heute in Japan nicht gern. Der Kriegsrechtskommandant General Fukuda ließ das Gerücht streuen, daß die Erschütterung der Erde nicht einfach Produkt geophysikalischer Gesetze war, sondern solchen schon immer verdächtigen Elementen wie den Koreanern und Sozialisten zu verdanken sei. Die Götter hätten sich durch deren Umtriebe beleidigt gefühlt, was noch dadurch verstärkt würde, daß diese beiden Gruppen schon unterwegs seien, um Geschäfte und die Heime ehrbarer Bürger zu plündern, ja, daß sie noch neue Feuer setzten. Begleitet von dem derart aufgestachelten Volkszorn wurden alle verhaftet, die sich durch einen fremden Akzent selbst überführten. 4000 Koreaner wurde das Standgericht gemacht, und viele auf der Stelle, das heißt, auf offener Straße, enthauptet.

Festgenommen wurde auch der bekannte Sozialistenführer Osugi Sake, der Regierungskreisen schon lange ein Dorn im Auge war. Er wurde am 16. September verhaftet und zwar auf Befehl des kaiserlichen Kämmerers Yuasa Kurahei. Ob der Palast sich der Bitte von Staatsorganen beugte, die Sake als eine Gefahr für Japan indizierten, oder ob hier schon Hirohito persönlich die Initiative ergriff, ist bei der notorischen Trübheit japanischer Quellen nicht auszumachen. Es gibt jedenfalls Anhänger beider Thesen. Sake wurde in das Hauptquartier der militärischen Geheimpolizei verbracht und dort von einem Kapitän Amakasu erwürgt. Der Kapitän nahm sich dann die Ehefrau Sakes vor, die laut um Gnade schrie, als sie merkte, was Amakasu vorhatte. Er erdrosselte erst sie und dann ihren siebenjährigen Sohn.

Das rüttelte Teile der Presse auf, die vor allem den Mord an einem Kind widernatürlich und unehrenhaft fand, und der Kapitän wurde vor Gericht gebracht, wo er eine Strafe von zehn Jahren Haft erhielt. Jedoch waren ihm die politische Entwicklung und mächtige Gönner gewogen, denn schon nach drei Jahren wurde Amakasu begnadigt. Ein anonymer »Freund des Hofes« finanzierte ihm ein Studium in Europa, und er verbrachte zwei Jahre in Paris, um später Verwaltungsaufgaben in der eroberten Mandschurei zu übernehmen.

Das Erdbeben von Kanto hatte auch zur Folge, daß die Verehelichung Hirohitos mit der von ihm erwählten Nagako verschoben wurde. Die Hochzeit fand schließlich am 26. Januar 1924 in Kyoto statt, selbstverständlich in einer Shinto-Zeremonie. Unter dem hohen Singsang der Priester begab sich der Bräutigam zuerst allein in das Innerste des Schreins, hernach trank das Paar dreimal aus einem Kelch von geheiligtem Reiswein, während die Armee mit 101 Schüssen Salut zum Glück des jungen Paares beitrug. Bei der Hochzeit waren 700 geladene Gäste zugegen, unter anderem auch der Chef der Gesellschaft der Schwarzen Drachen, *Togama*. Die Schwarzen Drachen gingen auf die Gründung durch den Verbrecherfürsten Toyama Mitsuru zurück (1901) und nannten sich nach dem Fluß Schwarzer Drachen, der Sibirien von der Mandschurei trennt – bis hierhin sollte Japan seine Einflußzone ausdehnen. Im Hauptquartier der Schwarzen Drachen in Tokio bewirtete Toyama manche Exilchinesen, darunter Sun Yat-sen, der hier auch die Partei des Kuomintang ins Leben rief, die noch heute stärkste politische Kraft Nationalchinas ist.

In den ersten Jahren nach ihrer Ehe wurden dem Paar zunächst die Prinzessinnen Teru, Sachiko, Kazuko und Atsuko geboren, so daß sich am Hof bald Ratgeber fanden, die von der Notwendigkeit sprachen, Hirohito müsse mit Hilfe einer Konkubine vollenden, worauf das Reich ein Recht habe: auf einen Thronfolger. Am 23. Dezember 1933 jedoch wurde schließlich der Kronprinz Akihito geboren, und die Gemüter beruhigten sich.

Zwei Jahre nach Hirohitos Hochzeit starb Kaiser Taisho. Sein Tod wurde zunächst über Radio gemeldet, das damals 200 000 Hörer hatte, dann riefen Zeitungsjungen mit Extrablättern die Nachricht aus. Straßenfeger machten sich eilends ans Werk, den Asphalt mit dem Besen zu bearbeiten, über den dann Hirohito, Nagako an seiner Seite, in die kaiserliche Villa in Hayama fuhr. Dem japanischen Volk erschien der kommende Kaiser als junger und vielversprechender Regent. Im Auto fuhr mit der Großkämmerer, der zwei der drei heiligen Regalien des Kaisertums trug: Halsband und Schwert.

Das Japan dieses Jahres war von politischer Nervosität geprägt. Ungewißheit herrschte unter den Intellektuellen über die Zukunft des Landes. Äußerlich war die Neuzeit, nicht viel anders als in London oder Paris, eingekehrt. Die jungen Japaner gaben sich als *Mobos* (modern boys) oder *Mogas* (modern girls): moderne Knaben oder Mädchen. Die Röcke hörten kurz überm Knie auf, Bubikopf war in.

Im Kaufhaus Mitsukoshi konnte man die erste Modenschau bewundern. Die ersten Taxis durchkreuzten Tokio, *Yen-taku* genannt, weil sie ihre Passagiere für nur einen Yen an jeden gewünschten Ort beförderten. Zwischen Ueno und Asakusa fuhr die erste Untergrundbahn. Bei Jazz und bei Tango gingen die Damen mit genauso hochhackigen Schuhen aufs Parkett wie die von ihnen angebeteten Filmstars sie trugen: Gloria Swanson und Greta Garbo.

Der Filmstar eigener Machart heiß Kurishima Sumiko, eine junge Frau, die den züchtigen Kimono gekonnt mit dem Vamplächeln aus Hollywood vereinte. Abends vergnügte man sich auch bei den Promenadekonzerten, die von der Kaiserlichen Marine gegeben wurden. Hinter dieser Kulisse bahnten sich allerdings Machtkämpfe an, die ihre grausige Wirkung noch zeitigen sollten. Und die Heilsarmee fütterte derweil Arbeitslose, die auf den Parkbänken schliefen.

Aufbruchstimmung allerorten: die ersten Kaiserjahre

Hirohito wurde am 10. November 1928 gekrönt. Dabei verkündete er:

»Unsere himmlischen und kaiserlichen Vorfahren schufen, in Übereinstimmung mit den himmlischen Wahrheiten, ein Reich, für alle Zeiten auf unveränderlichen Grundlagen errichtet, und hinterließen einen Thron, für alle Ewigkeit dazu bestimmt, von ihren direkten Nachkommen besetzt zu werden. Durch die Gnade unserer Vorfahren ist uns dieses große Erbteil zugekommen. Nun vollziehen wir die

Zeremonie der Besitznahme dieses Thrones mit den heiligen Symbolen.«

Der neue Tenno verhieß, zum Weltfrieden beitragen zu wollen, und den Wohlstand der Nation zu mehren. Doch auch der Wunsch nach Macht klang in seiner Ansprache auf. Im Februar dieses Jahres hatte es die ersten allgemeinen Wahlen in Japan gegeben, an denen sich aber nur Männer beteiligen durften. Diese Wahlen konnten als allgemein gelten, weil vorher nur Aristokraten oder die Schicht der Leute mit hohen Einkommen und hohen Steuern an die Urnen gelassen wurden. Sie waren für die meisten Japaner ein Ereignis von erhabener Dramatik. Manche mußten sich eigens mit Reiswein Mut antrinken, andere waren zu arm, um sich dem Anlaß entsprechend würdig zu kleiden, und so kamen sie in geliehenen Anzügen.

Die Wahl hatte keineswegs die Zustimmung der Regierung, die aber das vorher verkündete Datum nicht ändern konnte. Sie bediente sich daher des neuen Mediums Rundfunk, um wenigstens möglichst viele Bürger vom Wahlgang abzuschrecken. So gab sie im Radio bekannt, daß diese angeblich demokratische Selbstverwirklichung in Wahrheit auf eine Beleidigung der kaiserlichen Autorität hinauslaufe. Der Innenminister Kisaburo Suzuki nannte den Wahlgang eine plumpe Imitation westlicher Bräuche und behauptete, Demokratie widerspreche allen Prinzipien Japans. Gewerkschaftler und Linke, von denen man das Schlimmste befürchtete, sollten vor allem eingeschüchtert werden. Die Tageszeitung *Mainichi* nannte daraufhin den Innenminister einen Verräter am japanischen Volk und der nationalen Freiheit, einen »Feind der öffentlichen Ordnung«. Dennoch gewann von den 466 Sitzen im Parlament Suzukis Partei Seyukai 218 Sitze, und die Partei Minsaito gewann 216 Sitze – beide waren sie gleichermaßen stockkonservativ.

Bei der Shishinden-Zeremonie verkündet Hirohito in der traditionellen Krönungs-robe seine Übernahme des kaiserlichen Thrones (1926)

Nur 23 Tage nach dieser denkwürdigen Wahl behauptete die Regierung, zu schärfsten Maßnahmen gegen Staatsfeinde genötigt zu sein, und verhaftete tausend Mitglieder der Kommunistischen Partei, weil sie angeblich in einem Geheimmanifest die »Abdankung des Kaisersystems« gefordert hatten. Auch Pazifisten wurden verfolgt und in Japan breitete sich ein Militarismus aus, den selbst die scharfmacherische Regierung nicht mehr zu kontrollieren wußte. Das war das Jahr, in dem Hirohito unter Berufung auf seine göttlichen Vorfahren auf den Thron stieg, der 124. Herrscher in einer der ältesten Dynastien der Welt.

Um zu erfahren, wie sich die Stimmung immer mehr steigerte, die sich dann in der Wut des Krieges über viele Nationen Asiens entlud, wollen wir kurz auf die »drei menschlichen Torpedos« sehen, die 1932 von sich reden machten. Im Krieg gegen die Chinesen brachten es drei Ingenieure aus einem Regiment von Kyushu fertig, in Shanghai eine feindliche Stellung unter Aufopferung ihres Lebens zu nehmen, indem sie sich mit Sprengkörpern umgürteten und dann zusammen mit dem Feind in die Luft jagten. Dieses Stück aus dem Tollhaus perverser Vaterlandsliebe brachte ganz Japan auf die Beine. Viele Schriftsteller formulierten in Gedichten, Dramen und Puppenspielstücken ihre Verehrung für diese drei Helden, und ihr patriotischer Selbstmord wurde natürlich auch auf der Leinwand gezeigt. Die meisten kamen begeistert zu dem Schluß, daß nicht nur die Heldentat anbetungswürdig sei, sondern vor allem, daß nur japanischer Geist zu solchem Mut fähig sei.

»Japanischer Geist« trieb noch ganz andere Blüten. Die Polizei verhörte 1933 eine Oberschülerin, die auf den Berg Mihara auf der Insel Oshima gestiegen war. Hinaufgestiegen war sie in Begleitung einer Freundin, zurückgekommen war sie allein. Dem kriminalistischen Argwohn sah das nach einem Verbrechen aus, doch stellte sich heraus, daß es sich vielmehr um etwas Bewundernswertes handelte – die vermeintlich getötete Klassenkameradin war tot, doch sie hatte ihrem Leben selbst ein Ende gesetzt, freiwillig war sie in den rauchigen Krater des Mihara gesprungen. Auch war sie die erste Selbstmörderin nicht. Schon einen Monat zuvor war eine andere Oberschülerin in den Tod gegangen. Der Vorfall wurde keineswegs als eine bedauernswerte Verirrung jugendlicher Gemüter behandelt, sondern als Akt urjapanischen Mutes. Die Medien veröffentlichten jedes Detail der Lebensgeschichte der beiden Toten, Lehrer und Eltern schilderten bewegt, wie sie schon früh Anzeichen heroischer Anwandlungen bemerkt zu haben glaubten, und ganze Scharen von Japanern machten sich auf, um zum Berg Mihara zu pilgern und sogar, den beiden Heldinnen ins Jenseits zu folgen. Drei Monate später waren schon 83 Japaner in den Krater gestürzt, am Ende des Jahres waren es 500.

Diese Form von Fanatismus, der sich bis zu einer Art heiligem Selbstmord steigerte, darf aber nicht darüber hinwegtäuschen, daß Japan vor allem mit innen- und außenpolitischen Problemen zu tun hatte, die eine rationale Deutung leichter machen. Das Land war in einem gigantischen Sprung zu einem modernen Industriestaat geworden, der die sozialen Konditionen seiner Arbeiter wie die allgemeinen Lebensbedingungen der Bevölkerung ähnlich vernachlässigte wie später nach dem Zweiten Weltkrieg. Japan sah sich in einen geopolitischen Rahmen gestellt, den die Westmächte zu ihrem eigenen Vorteil gezimmert hatten, und diese reagierten auf alle Versuche Nippons höchst ungnädig, sich daran Anteile zu sichern. Keineswegs war es so, daß Japan sich zielbewußt auf den Weg zu einer imperialen Großmacht gemacht hätte, in der als unverrückbar mythische Mitte der Gottkaiser stand, obgleich es solche Bestrebungen früh gab. Vielmehr war die politische Bühne Japans viele Jahre lang von einem Hang zu Extremen bestimmt, zu denen auch der Versuch gehörte, die Neuzeit mit einem Schlag in eine marxistisch gefärbte Zukunft zu treiben; ein Versuch, der von rechten Gegenkräften endlich erdrosselt wurde.

Legenden aller Art werden schon darum so leicht genommen, weil sie auf eine differenzierte Erklärung sozialer Gründe verzichten – das geht schließlich nicht anders mit manchem Bild über den Ursprung der Nazizeit. Die Rolle Hirohitos bei der Planung, Vorbereitung und Führung eines Krieges, der wahnsinnige Grausamkeiten zeitigte und Teil der Barbarei dieses Jahrhunderts wurde, kann nicht ohne Schuld gewesen sein – auch wenn die japanische Geschichtsschreibung die Tendenz hat, zu schweigen und zu leugnen. Aber es war nicht Hirohito allein, der zu diesem Krieg trieb. Es waren bestimmte Männer, Klassen, Umstände, die dazu führten. Und es ist alles andere als leicht, Licht in die Beziehungen zwischen dem Kaiser und solchen Kräften zu bringen, und zu entscheiden, wer jeweils wen mißbrauchte.

Bei seinem Besuch in Japan wollte 1930 der amerikanische Vizepräsident John Nance Garner mit einem persönlichen Paukenschlag die Melodie des Handelskrieges intonieren, in dem sich beide Länder auch jetzt von Zeit zu Zeit konfrontieren. Eingeladen in den Kaiserlichen Palast plante er, dem Tenno eine billige amerikanische Uhr vors Gesicht zu halten und der Majestät mit beherzter Rede klarzumachen, daß Japan weder imstande sei, einen solchen Zeitmesser herzustellen noch ihn preislich zu unterbieten. Eine Demonstration amerikanischer Großmacht, deren Billigkeit von der Botschaft des dröhnenden Vize mit Mühe abgewehrt werden konnte. Denn Mister Garner begriff nicht im geringsten, daß er eine Inkarnation des nationalen Staatsgedankens, einen Abkömmling der Götter und nicht etwa seinesgleichen sehen würde, und was man ihm erklärte, hat er wohl auf der Heimreise schon wieder vergessen. Eindruck machte auf ihn in jedem Fall die Versicherung, daß nach einem solchen Akt des Frevels der kaiserliche Hofbeamte, der seine Einladung genehmigt hatte, zum Selbstmord gezwungen worden wäre. Mister Garner entging auch, daß seine gelobte Dollar-Uhr von den Japanern schon längst für nur 30 Cent verkauft wurde.

Japan auf dem Weg zur Industrie- und Wirtschaftsmacht

Sicher war Japan in jenen Jahren zwischen extremen Störungen hin- und hergetrieben und konnte sich nur mühsam auf eine politische Gestalt einigen. Dennoch war das Land auf dem besten Wege, sich zur imperialen Großmacht zu mausern. Mit den dreißiger Jahren begann Japans erste gewichtige Invasion der Weltmärkte. In den Jahren 1930 bis 1936 stiegen die Exporte von 1435 Milliarden auf 2641 Milliarden Yen an. Dabei sind die gleichfalls steigenden Exporte zu den Kolonien Formosa und Korea noch nicht einmal berücksichtigt.

Im Wagen einer Schmalspurbahn sitzend, inspiziert Prinzregent Hirohito die Ölfelder in Akita

Führend war zunächst Japans Textilindustrie, wobei japanische Seide sich auf dem amerikanischen Markt mit den ersten synthetischen Fasern messen lassen mußte – und unterlag. Japan führte Baumwollprodukte aus, und machte besonders den Briten zu schaffen. Die Vereinigten Staaten waren für die Japaner ein Hauptlieferant von Rohstoffen, wozu Baumwolle gehörte, aber auch Eisen, Stahl, Maschinen, Holz. 1936 bezog Japan die Hälfte aller amerikanischen Ausfuhren, die nach Asien gingen. Daß sich Japan so erstaunlich gut auf dem Weltmarkt behauptete, lag teils an der Aufwertung des Dollars gegenüber dem Yen, die japanische Waren billiger machte, teils an den niedrigen Herstellungskosten der Japaner sowie an den geringen Löhnen der Arbeiter.

Westliche Länder vor allem reagierten auf die japanische Exportwelle mit allen Anzeichen einer Hysterie, die der realen Stärke des neuen Exporteures nicht angemessen war – Japan erreichte nicht einmal vier Prozent des Weltexportvolumens. Überheftige Reaktionen erzeugten in Japan selbst den alten Argwohn gegen alles Fremde, von rassistischer Diskriminierung durch Langnasen handelten Leitartikel, wenn neue Steuern und erhöhte Einfuhrzölle den Weg japanischer Produkte bremsten.

Nach dem gewonnenen Krieg gegen das zaristische Rußland, der Japan zur stärksten politischen Macht in Ostasien machte, okkupierten die kaiserlichen Truppen 1910 Korea. Die Koreaner haben bis heute nicht vergessen, wie ihnen als Kolonie Tokios 35 Jahre lang mitgespielt wurde. Es war ihnen verboten, ihre Kultur zu leben, ihre Sprache zu schreiben, ihre Geschichte zu formulieren, und wenn auch die Japaner dank ihrer Überlegenheit einen gewissen wirtschaftlichen Fortschritt brachten, so traten sie doch vor allem als Ausbeuter auf, deren Verachtung für alles Koreanische noch schlimmer traf als Knechtheit und der Mangel an jeglicher Selbstbestimmung. Koreaner wurden als Arbeitssklaven nach Japan gebracht; als 1945 in Nagasaki befürchtet wurde, nach Hiroshima könne auch hier eine Atombombe fallen, wurden die koreanischen Zwangsarbeiter nicht in die Schutzbunker gelassen.

Auch die rund 800 000 Koreaner, die heute in Japan leben, werden noch immer als Bürger zweiter Klasse behandelt. Sie werden alle fünf Jahre neu registriert, wobei sie ihre Fingerabdrücke geben müssen, und Einheirat in japanische Familien wie Anstellung im Regierungsdienst oder bei angesehenen Firmen kommt für sie nicht in Frage, so daß ihre Arbeitslosigkeit wie ihr allgemeiner Lebensstandard belegen, daß sie chancenlos und degradiert sind.

Mit Korea hörte der Expansionsdrang der neuen Großmacht nicht auf. Pläne zur Eroberung der Mandschurei reiften. Als es am 18. September 1931 nördlich der Stadt Mukden eine Explosion auf dem Gleiskörper der Eisenbahnlinie gab, in die Japan erheblich investiert hatte, schlug die in der Nähe stationierte Garnison der Japaner sogleich zu und vertrieb alles chinesische Militär aus der Stadt. Zwei Tage danach hieß der neue Bürgermeister Mukdens Kenji Doihara, der Chef des militärischen Geheimdienstes in Mukden, und drei Tage später bereits schickte der General Senjuro Hayashi seine Truppen aus Korea über den Yalufluß in die Mandschurei. Und das alles, weil Chinesen einen Sabotageakt auf die Eisenbahn vollführt hatten, wie der Öffentlichkeit weisgemacht wurde.

In Wirklichkeit hatte der Leutnant Kawamoto mit dem Schwert in der Hand Arbeiter gezwungen, die Geleise zu beschädigen, und die Explosion war absichtlich so klein gehalten worden, daß schon kurz danach ein Zug ungefährdet die Stelle passieren konnte. In Tokio hingegen verkündete das Kabinett am 24. September, man habe sich einzig aus dem Grund der Selbstverteidigung zum Angriff auf die Chinesen entschließen müssen, hege jedoch keinerlei territoriale Absichten. Japanische Geschichtsschreibung von heute stellt das so dar, als habe die Armee schon bei dem gezinkten Sabotageakt ohne Einwilligung Tokios gehandelt und erst recht bei der folgenden totalen Unterwerfung der Mandschurei.

Der letzte Kaiser der Ching-Dynastie wurde von den Japanern am 1. März 1932 als Regent ausgerufen; Pu-Yi wußte kaum, was mit ihm geschah, war aber zutiefst gerührt, als begeisterte Massen ihn bei der Gründung der Republik Manchu-ko feierten. 1964 schrieb er in seinen Memoiren, er habe allerdings den Argwohn gehabt, daß die Japaner ihn zu ihrer Strohpuppe machten, doch habe er noch die Hoffnung genährt, seinen Vorfahren Ehre zu erweisen und wirklich zu regieren.

1940 wurde Pu-Yi gar zum Kaiser der Mandschurei ernannt, was ihm freilich nicht half, seine derartigen Hoffnungen zu erfüllen. Wie er dann auch dem Internationalen Militärgerichtshof 1946 gestand, der den Grund und die Verbrechen dieses Krieges aufzuarbeiten hatte, habe er »überhaupt keine Freiheit« gehabt. Das ist, was die meisten Japaner auch von ihrem eigenen Kaiser behaupten, in dessen Namen die Besetzung der Mandschurei und andere Taten vollbracht wurden.

Der Vorfall erregte die Gemüter im Westen einerseits nicht sonderlich, für die Japan wie Mandschurei gleichermaßen entfernt und unverständlich waren, und China ein desolates, schmutziges und elendes Gebilde, das überhaupt nur dann eine Chance haben konnte, wenn der Westen sich so stark wie möglich daran bereicherte. Andererseits warnten Kenner, die

Staatsbesuch von Kaiser Kangteh (Pu-Yi, rechts): Die beiden Regenten nehmen in Tokio eine Parade ab

schon den Wirtschaftsfaktor Japan zu fürchten gelernt hatten, davor, daß sich nun noch die Militärmacht dieses neuen Fernostgiganten zeigen könnte. Der Sieg Japans über Rußland schien darum plausibel, weil dieses Rußland – wie die Oktoberrevolution zeigte – in jeder Beziehung abgewirtschaftet war. Der Sieg über Korea kam vielen als einer über Barbaren vor, die einer starken Hand bedurften, und wenn es schon nicht die britische oder preußische war, dann konnte es ebensogut die japanische sein.

Zwar hatten 1928 immerhin 63 Nationen im Pariser Vertrag unterzeichnet, daß der Krieg als Instrument nationaler Politik außer bei Selbstverteidigung geächtet sein sollte, und Japan war einer der Unterzeichner. Doch grenzte es nicht an Selbstverteidigung, wenn jemand in seiner direkten Nachbarschaft Ordnung schuf, die er für eine vernünftige Entwicklung seiner Wirtschaft und Zivilisation brauchte? Als der Vertrag seine Unterschriften bekam, nahm man es wohlwollend auf, daß Japan nicht etwa im Namen des Volkes wie alle anderen, sondern im Namen des Kaisers zeichnete. Niemand machte sich große Gedanken darüber, wie es um das demokratische Selbstverständnis Nippons bestellt war.

Doch immerhin schickte der Völkerbund eine Mission in den Fernen Osten, um die Sache mit der Mandschurei zu erforschen. Nach Gesprächen mit Außenminister Yoshizawa und Kriegsminister Araki in Tokio reiste man weiter nach China und verfaßte anschließend einen ausführlichen Bericht, der in Tokio allerdings erst ankam, als die Republik Manchuko dort schon längst anerkannt war. Der Report störte die Japaner schon deshalb nicht weiter, als er grundsätzlich japanische Rechte und Interessen in der Mandschurei bestätigte. Als es dann doch zu einer halbherzig formulierten Verurteilung des japanischen Vorgehens kam, traten die Japaner schlicht aus dem Völkerbund aus. Ein Jahr später folgte diesem Beispiel Hitlers Deutschland.

Die erwählte Nation: ein Volk zwischen Nationalismus und Militarismus

In seiner Geschichte des Shinto schreibt der Autor Sadao Kiyohara 1935: »Der Kaiser soll nicht durch die Japaner allein angebetet werden, noch als Kaiser von Japan allein angesehen. Der Kaiser regiert nur Japan, ist aber der Kaiser der ganzen Menschheit. Er regiert das Universum zusammen mit den obersten Göttern. Deshalb existiert Japan nicht nur für Japan, sondern für die ganze Welt, und muß so als eine Verkörperung der Hohen Himmelsebene über das ganze Universum ausgedehnt werden.«

Wenn es auch in diesen Jahren an derartig fanatischer Kaiserverherrlichung nicht mangelte, fällt die Annahme schwer, der Tenno habe eine gigantische Propagandamaschine inszeniert, die immer nur indirekt diesen himmlischen, mit dem Militär durchzusetzenden Anspruch in der Bevölkerung verbreitete. Zwar sah man Hirohito gelegentlich in der Öffentlichkeit, doch hielt er nicht eine einzige flammende Rede, sondern sprach im Rahmen der Rituale und nicht mehr. Er konnte auch schlecht die Grundbedingung dieser Jahre geschaffen haben, die unter den meisten Japanern die Ansicht wachsen ließ, die bürgerlichen Parteien hätten versagt, das feindlich gesonnene Ausland wolle Nippon nur in die Ecke treiben, und das Militär sei nahezu der einzige Rückhalt bei dem Versuch, Tradition und althergebrachte Tugenden zu bewahren und inmitten einer auch auf anderen Kontinenten turbulenten Neuzeit Wohlstand für alle zu mehren.

Obgleich immer im Zentrum der Macht- und Regierungspolitik war Hirohito niemals ein Adolf Hitler, der seine Besessenheit auf andere und auf die Massen übertrug. Dieser Feststellung widerspricht nicht, daß er in wachsendem Maße verantwortlich wurde.

Daß die Kaiserlichen nicht unbedingt den Willen des

Tenno kannten und erfüllten, wurde in jenem berühmten »Zwischenfall« deutlich, der sich unter Meijis Enkel Hirohito am 26. Februar 1936 vollzog. Über die damals fünf Millionen Einwohner zählende Hauptstadt Tokio war eine dünne Decke von Pulverschnee gebreitet, als morgens um 4.30 Uhr zwei Armeelastwagen und ein Personenauto in Nagata-cho vorfuhren, dem Regierungsviertel mit Ministerien, Reichstag, Polizeihauptquartier – und der Residenz des Premierministers.

Es war der Versuch, über einen Staatsstreich endlich die vermeintliche himmlische Sendung des Kaisers in reale Politik umzusetzen und dabei alle zu bestrafen, die sich der Entwicklung zur wirklichen *Perioda Showa* (»erleuchteter Frieden«) entgegenstellten. Daß die Militärs sich zunehmend als Vollstrecker der reinen Lehre betrachteten, war in diversen Geheimbünden vorbereitet worden. Die Partei des himmlischen Schwertes (*Tenkento*), die Blutsbrüderschaft (*Ketsumeidan*), der Jimmu-Bund (nach dem ersten Kaiser der Dynastie *Jimmu*) oder der Kirschenbund (*Sakura-kai*) waren alle gegen die haltlosen Reden eines Parlaments, das sie als wesensfremd betrachteten, und für direkte Taten. Viele junge Offiziere machten in solchen Geheimbünden mit, auch solche, die später für die Annexion der Mandschurei verantwortlich zeichneten. Daß die Politiker zuließen, wie sich in Nanking Chiang Kai-shek festsetzte und somit China dem japanischen Einfluß mehr und mehr entzog, daß sie dem Londoner Flottenabkommen zustimmten, das eine Limitierung der japanischen Marine vorsah, das alles wurde zum Warnsignal um sich greifender Schwächen des Reichs und erst recht der Idee einer durch einen Gottkönig zu Höherem berufenen Nation.

Schon im Mai 1932 hatte eine Gruppe von Offizieren aus Armee und Marine mit einem Coup versucht, Japan wachzurütteln und über eine Krise eine historische Wende einzuleiten. Es gelang ihnen, den Premierminister Inukai zu ermorden und verschiedene Zentralen wie die Nationalbank oder das Polizeihauptquartier kurzfristig zu besetzen, doch kamen die Aufrührer vor Gericht und wurden auch von der obersten Heeresleitung fallengelassen. Allerdings galten die Rebellen weitgehend doch als Patrioten, zumal sie bei ihrer Verteidigung unbeschränkt Reden gegen das verderbte System des Parlamentarismus halten durften – wenigstens schürten sie so die Krise an, die später folgen sollte.

Kritikern der um sich greifenden Expansionsgelüste und des Militarismus wurde ebenso der Mund gestopft wie jedem, der Japans Kaisertum von dieser Entwicklung durch Rationalisierung separieren wollte. Professor Tatsukichi Minobe stellte damals eine Theorie auf, worin sich die Souveränität des Kaisers darauf bezog, daß er das höchste Organ des Staates sei – und nicht mehr. Seine Schriften wurden 1935 verboten, er mußte sich ohne Erfolg vor dem Parlament verteidigen und verlor seinen Posten.

Die Februar-Meuterei der Ersten Division erscheint in dieser Entwicklung fast als zwangsläufig. Ihre Anführer wollten alle bestrafen, die durch Untätigkeit oder falsche Politik dazu beitrugen, das Prestige des Kaisers zu mindern.

Das nach wenigen Stunden vom Kriegsministerium herausgegebene amtliche Bulletin las sich so:

»Um fünf Uhr heute morgen hat eine Gruppe junger Offiziere die folgenden Plätze angegriffen: 1) die Residenz des Premierministers. Als Folge dieses Überfalls starb Admiral Keisuke Okada, der Premierminister, auf der Stelle;* 2) die private Residenz des Lordsiegelbewahrers. Der Vicomte Makoto Saito starb sogleich; 3) die Privatresidenz des Leiters der militärischen Erziehung. General Jotaro Watanabe

---

* Anmerkung des Autors: In Wirklichkeit hatten die Attentäter den Vetter des Premierministers ermordet.

starb sofort. Angegriffen wurden auch: 4) das Itoya-Hotel, Yugawara, der frühere Lordsiegelbewahrer Graf Nobuaki Makino wird vermißt... Alle Truppen in der Hauptstadt befinden sich im Alarmzustand.«

Für Japan war das ein Stück Kampf Armee gegen Armee, und die Furcht vor einem Bürgerkrieg kam auf. Kriegsrecht wurde verhängt. Als sich in den loyalen Regierungstruppen Unsicherheit verbreitete, wurde der folgende Tagesbefehl erlassen:

»Männer, der kaiserliche Befehl ist ergangen. Nun werdet Ihr alle von Ihrer Majestät dem Kaiser kommandiert. Ihr, Soldaten, mußtet auf die Anweisung Eurer Vorgesetzten hin handeln, Ihr wart von der absoluten Gerechtigkeit ihrer Befehle überzeugt. Doch jetzt hat Ihre Majestät der Kaiser Euch befohlen, in Eure Kasernen zurückzukehren, weiterer Widerstand käme einer Herausforderung des obersten Kommandos gleich, und Ihr hättet dann keine andere Wahl, als Verräter zu werden.

Ihr habt wohl an die Rechtmäßigkeit Eurer Sache geglaubt, doch handelt Ihr nicht weise, wenn Ihr Fehler nur darum wiederholt, weil Ihr gewillt seid, den Befehlen Eurer Vorgesetzten zu folgen. Es gibt keine Notwendigkeit dafür, für immer als Verräter gebrandmarkt zu werden.«

Für drei Tage herrschte in Tokio nervöse Stille. Nach ihren politischen Morden wechselten die Aufrührer keinen Schuß mehr mit den Regierungstruppen und ergaben sich endlich. Ihr Anführer war, wie sich dann zeigte, der Kapitän Teruzo Ando vom 3. Infanterieregiment gewesen. Ando schoß sich eine Kugel in den Kopf. 103 seiner Komplizen wurden verurteilt, davon 17 zum Tode.

Obgleich die Aufrührer behaupteten, ihr stärkster Antrieb sei der Wunsch gewesen, dem Kaiser zu der ihm gehörigen

Macht zu verhelfen, hörte man weder von Hirohito noch vom Kaiserlichen Haushalt je einen Kommentar dazu. Die Öffentlichkeit konnte den Eindruck gewinnen, der Tenno habe das Unternehmen mit Wohlwollen verfolgt. In Wirklichkeit war Hirohito über die Meuterei schockiert und verärgert, was er aber nur einem kleinen Kreis anvertraute.

DER ZWEITE WELTKRIEG
UND SEINE FOLGEN

A uch der raschen Zuspitzung selbst wahnwitziger Vorstellungen über die Zukunft Japans, die sich auf ihn beriefen oder gar zum Zentrum ihrer Phantastereien machten, ließ er nicht entgegentreten. Das Erziehungsministerium gab am 31. Mai 1937 Richtlinien für den Unterricht mit dem Titel »Der Fundamentalcharakter des Kaiserlichen Japans« heraus, worin als herausragende Aufgabe Nippons eine Expansionspolitik beschrieben wurde, die dann im Zeichen der »Groß-ostasiatischen Wohlstandssphäre« eingelöst werden sollte. In den Richtlinien hieß es:

> »Darin liegt der Grund, warum wir den »Fundamentalcharakter des Kaiserlichen Japans« veröffentlicht haben, die Herkunft unseres Landes klarzumachen, den großartigen Geist unserer Vorfahren zu erklären, das Wesen unserer Staatsform bewußt werden zu lassen, das sich in unserer Geschichte verkörpert. Wir wollen diese Ideologie weit und breit verkünden, um in unserem Volk das Selbstbewußtsein zu wecken und seine Bestrebungen zu fördern.«

Die Januar-Ausgabe von 1937 des deutschen Vierteljahresmagazins *die neue linie,* erschienen im selben Jahr, nahm sich das ferne, politisch verbundene und angeblich sogar wesensgleiche Japan vor.

Die Redaktion in Leipzig hatte dazu auch japanische Autoren eingeladen, sonst wäre es vielleicht bei Schwärmereien von der Art Peter Bamms geblieben, der dort schrieb:

> »So wollen wir versuchen, dem Land der aufgehenden Sonne, Europas fernstem Okzident, näher zu kommen, indem wir einen blühenden Pflaumenzweig mit so viel Hingebung betrachten, als uns möglich ist.«

Das Betrachten blühender Pflaumenzweige hat damals wie heute wenig genützt, wenn es galt, Japan zu verstehen, genauso wenig wie das Pflücken einer Alpenrose, um das Ruhrgebiet zu begreifen.

Für den Kaiser in den Krieg

Auf Seiten der Japaner war dagegen Kiyoshi Shiratori angetreten, gemäß den Richtlinien des Erziehungsministeriums den Deutschen den Kaisergedanken nahezubringen:

»Mit dem Alter der japanischen Rasse, der zeitlichen Ferne ihres Ursprungs, hängt auch das Alter und die besondere Stellung der Herrscherfamilie zusammen. Das Herrschertum Japans unterscheidet sich von dem anderer Länder dadurch, daß es nicht durch bloße Machtausübung das Volk beherrscht. Das Beispiel einer reinen Machtherrschaft sehen wir in China. Als ein waffenmächtiger Kaiser das Land unterwarf, und allmählich diese Macht schwächer wurde, erhob sich das geknechtete Volk gegen den Zwang. Der Kaiser, bedroht durch das Volk, wurde vertrieben. Ein Umsturz folgte dem anderen. Dagegen bestand und besteht die Idee des Herrschertums in Japan nicht lediglich in der Machtausübung, sondern in der Hauptsache in einem Verhältnis gegenseitiger Achtung und Liebe.

Die Machtausübung war in den Frühzeiten der Landesvereinigung notwendig, aber nach der Stabilisierung der Staatseinheit trat der Kaiser dem Volke stets mit Liebe entgegen. Er betrachtete das Volk als sein eigenes Kind. Die japanische Geschichte liefert bis heute den Beweis dafür. Deshalb kam in Japan im Lauf der Geschichte von 2000 Jahren kein einziges Mal eine Verschwörung des Volkes gegen den Kaiser vor ...

Im Bewußtsein dieser Tatsachen steht im ersten Augenblick das ganze Volk geschlossen hinter dem Kaiser, weil es das Volk des Kaisers ist, und mit vulkanischem Patriotismus gegen seine Feinde steht. Die gleichnislose Treue des japanischen Volkes zum Staat ist seit jeher und immer gleichbedeutend mit der Treue zum Kaiser. Der japanische Kaiser ist das Wahrheit-gewordene Symbol der Idee des japanischen Herrschertums. In ihm lebt nur der eine Gedanke, das Volk im Glück zu erhalten. Das Volk weiß, daß der Kaiser niemals auf den Gedanken kommen kann, ihm Unglück zu bereiten. Der Kaiser, der jeden Untertan als eigenes Kind zu sehen hat und sieht, kann trotz des menschlichen Aussehens nichts anderes sein als eine göttliche Erscheinung ...

Danach ist es auch verständlich, warum die Japaner, wenn sie für ihr Vaterland in den Krieg ziehen, niemals mit der Rückkehr rechnen, auf dem Schlachtfeld furchtlos kämpfen und im Augenblick des Fallens, mit dem Ruf: › Ewig sei seine Majestät der Kaiser!‹ – ›Tenno-heika Bansai!‹ lächelnd sterben. Sie vergessen alles, auch sich selbst und sterben für den Kaiser.«

Wie verschwommen und prahlerisch diese Sprache auch sein mag und wie sehr auch der Abdruck des japanischen Elaborats in *die neue linie* dem Vorhaben der Nazis entgegenkam, den Kampfgeist des deutschen Volkes mit allen Mitteln und auch mit Leihgaben aus dem Land der Samurais zu schüren, so war am Zustand der japanischen Armee doch mehr, als der schwülstige Nationalliterat Shiratori ahnen mochte. Präziser erfaßt hat der Autor der Studie, die 1941 im Obersten Heereskommando kreiste, welch fähiger Kriegspartner dem Deutschen Reich in Japan zugewachsen war:

»Das japanische Volk ist in soldatischem Geist erzogen. › Bushido ‹ – der Weg des Kriegers – ist das Höchstziel der japanischen Nationalethik seit Jahrhunderten.

Das junge Kaiserpaar in herrschaftlichen Gewändern auf einer offiziellen Postkarte aus den dreißiger Jahren

Die japanische Wehrmacht hat seit ihrer Reorganisation in der Meiji-Epoche nur erfolgreiche Kriege geführt. In neuester Zeit hat sie im Kriege gegen China eine Probe ihres Könnens abgelegt...

Das japanische Offizierskorps ist von einem glühenden Nationalbewußtsein und hoher Opferbereitschaft durchdrungen. Dieser Einstellung entspricht das insbesondere bei dem japanischen Offizierskorps des Heeres hervorstechende Verantwortungsgefühl für die japanische Politik, die von dieser Seite aus oftmals im aktivistischen Sinne beeinflußt worden ist.«

Der Achsenmacht Deutschland erschien der fernöstliche Militärfreund bis in den Reisebericht Friedrich Sieburgs hinein als bewundernswert. Der Schriftsteller und spätere Leiter des Literaturblatts der *Frankfurter Allgemeinen Zeitung* bereiste Japan in der ersten Hälfte 1939 und gab in dem Buch *Die stählerne Blume* seine Eindrücke so wieder:

»Im Herzen des alten Stadtkerns liegt der große Park, der die kaiserliche Residenz umgibt. Es ist ein flacher Park mit weiten Rasenflächen, der an dunstigen Sonnentagen den Londoner Hydepark bis in den Geruch heraufbeschwört. Aus Wassergräben steigt die schräge Zyklopenmauer, die oben mit Rasen und windgeprüften Föhren bewachsen ist. Dahinter, im dichten Laub undeutlicher Bäume, ahnt man die geschwungenen Kupferdächer, unter denen der Abkömmling der Sonnengöttin, selbst ein Gott, seine erhabenen und dem unwürdigen Menschenauge gänzlich entzogenen Tage lebt.

›Nur die Japaner haben einen Gott an der Spitze des Volkes‹, hat mir früher einmal ein Japaner mit stolz bebender Stimme gesagt. Damals war dieses Wort nur ein Paradoxon für mich. Heute ermesse ich die Wahrheit, die es für jeden Menschen darstellt. Denn ich sehe täglich, wie sich die Menschen an der großen Brücke zum Palast ehrfürchtig dahin verbeugen, wo die grünen Dächer aus Ahorn schimmern. Polizisten und Wachen stehen gleichmütig dabei, so wie sich etwa der Kirchenschweizer während der Messe durch die Kathedrale bewegt, um nach dem Rechten zu sehen. Aber die Menschen blicken zum Palast, pressen die Arme an den Körper und neigen sich dann tief zur Erde…

Es ist klar, daß ein Volk, das an seiner Spitze eine Gottheit hat und dessen Religion zu seiner Staatsauffassung nicht einmal theoretisch in Widerspruch geraten kann, über eine ungewöhnliche Einheitlichkeit und Kontinuität verfügt. Japan geht den Weg der Götter, wie es den Weg des Kaisers und den Weg des Ritters geht. Der Kaiser lebt in seinem Palast von der irdischen Welt durch Mauern und Wälle getrennt; man könnte ebensogut sagen, daß er in einem Tempel lebe, zu dem täglich die Gebete ganz Japans aufsteigen. Seit fünfzig Jahren verbeugt sich jeder Schüler jeden Morgen zu Beginn des Schultages vor dem Kaiserbild, kennt jedes Kind den Erlaß des Kaisers Meiji über die Erziehung auswendig, werden in allen Kasernen die Kriegsartikel desselben Kaisers als eine Art Litanei gesungen. Die Vorstellung von der Göttlichkeit des Kaisers erinnert den Japaner täglich daran, daß sein Volk › als einziges der Erde ‹ selbst göttlichen Ursprungs und daher zur Herrschaft über die Welt berufen sei.

Nirgendwo setzt sich dieser aus der göttlichen Existenz genährte Glaube schneller in die Tat um als in der japanischen Wehrmacht. Der japanische Offizier ist in einem uns unvorstellbaren Maße des Gefühlsausbruchs fähig. Gerade weil sein Leben in festen, ja starren Regeln verläuft und keinen Raum für Wallungen privater Art bietet, verschafft er sich Explosionen da, wo er sich ausströmen darf, in seiner Anbetung des Kaisers und in seinem Glauben an die göttliche Sendung Japans. Offiziere verschwören sich und führen Mordtaten aus, weil ihr Opfer den › Weg des Kaisers ‹ verlassen hat. Offiziere weinen, wenn die Größe eines im Dienste des Kaisers gebrachten Opfers sie überwältigt ...«

Gewiß hat der Reisende Sieburg diese andächtigen Sätze ohne jede Ironie niedergeschrieben, auf jeden Fall hat er den aus religiöser Überzeugung und Größenwahn gewirkten Fanatismus gut verstanden. Wie sich die Ausbrüche des »Gefühls« in der Praxis des Krieges ausnahmen, konnte die Welt schon bald etwas genauer verfolgen, als Japan in den Krieg gegen China zog.

Daß Japan in diesen Krieg hineingeschlittert sei, wie manche Historiker behaupten, hat wenig Wahrscheinlichkeit für sich. Die Annexion der Mandschurei, die politischen Wirren der Chinesen selbst, der Kampf der Truppen Tschiang Kai-sheks gegen die Kommunisten und das Nebeneinander nicht nur verschiedener Regierungen, sondern auch der japanischen wie chinesischen Truppen mußte aber zu einer Explosion führen.

Am 7. Juli 1937 kam es zu dem als *Marco-Polo-Zwischenfall* in die Geschichte eingegangenen Konflikt. Gegen Mitternacht beschossen sich Japaner und Chinesen in dem Dorf Lu-kou-ch'iao an der über den Yunting führenden Marco-Polo-Brücke, etwa 25 Kilometer von Peking entfernt. Beide Seiten gaben sich die Schuld für die Schießerei; daß die Japaner einen Vorwand für den folgenden Krieg schufen, ist nicht von der Hand zu weisen.

Verhandlungen halfen nichts, die Japaner nahmen die Städte Kalgan, Peking und Tientsin ein. Die politischen Spannungen zwischen den beiden Ländern waren ohnehin stark. Als in Tung-chou Chinesen 380 Japaner, darunter Frauen und Kinder, auf grausame Weise umbrachten, brandete in Tokio Empörung hoch. Unter heftigen Verlusten zogen sich die chinesischen Truppen zurück, die siegreichen Japaner stießen auf die Hauptstadt Nanking vor.

Nanking bot damals einen noch mittelalterlichen Anblick. Es war von teils 15 Meter hohen und sechs Meter dicken Stadtmauern umringt, an der sich selbst moderne Kriegsgeschütze einige Zeit erfolglos versuchten. Die Stadt hatte einen Heerstrom von Flüchtlingen erlebt, deren Gesamtzahl auf 18 Millionen geschätzt wird, und jetzt, am 10. Dezember 1937, folgte ihnen Tschiang Kai-shek mit seiner Regierung nach. Von den rund einer Million Einwohnern waren vier

Fünftel aus Furcht vor der japanischen Armee geflohen, die letzten Verteidiger standen auf den hohen Ziegelsteinmauern und hörten den Kanonendonner der Japaner näherrücken.

Alle in Nanking lebenden Ausländer waren von der japanischen Heeresleitung aufgefordert worden, sich zu entfernen, einige hatten auf Handelsschiffen Zuflucht gesucht, andere blieben und bauten sich eine Schutzzone, wie das auch beim Fall von Shanghai geschehen war. Kaufleute, Diplomaten, Missionare und ein paar Journalisten harrten der japanischen Eroberung. Dieses Mal akzeptierten die Japaner die Schutzzone nicht und forderten wieder zum Verlassen der Stadt auf.

Nur zwei Dutzend Ausländer blieben noch dort, darunter sechs Deutsche.

Offiziell wurden die japanischen Truppen von General Mitsui angeführt. Doch den Befehl zum Angriff gab ein Mitglied der kaiserlichen Familie. Wenn auch fast nirgendwo belegt werden kann, daß der im fernen Tokio weilende Kaiser Krieg oder Kriegshandlungen direkt anordnete, so steht doch für seinen Onkel, den Prinzen Asaka, fest, daß er dies im Fall Nanking tat.

Als Nanking schon fast zwei Tage lang von den Japanern besetzt war, traf der Chef der Tokioter Geheimpolizei mit der 16. Division ein. Vom 14. Dezember an und sechs Wochen lang fand die »Vergewaltigung Nankings« statt. Mitunter wird noch der Film gezeigt, den damals der amerikanische protestantische Geistliche John Magee aus dem Fenster seines Hotelzimmers von einigen Greueltaten aufgenommen hat. Man sieht dort Japaner, die Kleinkinder in die Luft werfen und mit dem Bajonett aufspießen. 80 000 Japaner liefen Amok. Gefangene chinesische Soldaten, die erst ihre Uniformen weggeworfen und versucht hatten, sich zu verstecken, dann aber durch ein Versprechen auf Amnestie hervorgelockt worden waren, wurden in jeder Weise mißbraucht.

Japanische Offiziere versuchten, an ihnen die alte Schwert-
kunst der Samurai zu demonstrieren und sie möglichst von
oben nach unten mit einem einzigen Hieb zu spalten, gemei-
ne Soldaten übten an den Wehrlosen ihr Bajonett. Viele wurden so in der Erde vergraben, daß nur ihr Kopf noch frei war,
Pferdehufe zertraten sie, man überschüttete sie mit heißem
Wasser. Alle Frauen wurden der Gewalt der Kasernen ausgesetzt, manche schon öffentlich auf dem Weg dahin vergewal-
tigt, andere, von besonderer Schönheit und Erziehung, für
den Gebrauch durch Offiziere abgesondert. Viele wurden in
der Garnison auf ein Bett gebunden und erst, wenn sie zu ver-
wundet oder dem Wahnsinn anheimgefallen waren, getötet.
Parks und Straßen lagen voller Leichen von Chinesinnen.
Keine wurde geschont, nicht die Großmutter über siebzig,
nicht das kleine Mädchen, nicht die Mutter im letzten Monat
ihrer Schwangerschaft.

Während die wenigen Ausländer in ihrer Sicherheitszone
das brutale Geschehen fassungslos und angewidert verfolg-
ten, lag Nanking da wie ein Hinterhof der Hölle – ohne Licht,
Wasser, Müllversorgung, und voller Schreie der Verzweif-
lung, Angst und Schmerzen. Die Zahl der Getöteten
schwankt in den Angaben von 12 000 bis 200 000; 12 000
erscheint jedoch kaum glaubhaft, weil schon die Zahl der
chinesischen Soldaten weit höher war.

Die Vorgänge in Nanking wurden vom Internationalen
Militärgerichtshof von Tokio 1948 in aller Ausführlichkeit
ausgebreitet. Die Verantwortung wurde dem General Matsui
zugelastet, der viel eingestand, besonders aber sein Bedauern,
den Prinzen Asaka und die kaiserliche Familie nicht besser
beraten zu haben.

Hirohito empfing die Sieger von Nanking und bedachte
fast jeden mit Orden; Matsui nannte ihn »einen großen Feld-
marschall auf den Stufen des Himmels« und wünschte ihm
zehntausend Jahre Leben.

Hirohito – Marionette oder Machthaber?

Und was immer danach kam, an Greueln und Grausamkeiten in dem japanischen Krieg, der die Philippinen, Thailand, Indonesien, Singapur und mehr schlucken sollte, es war
immer Hirohito, der den Oberbefehl hatte, und nicht nur
nominell. Denn der Krieg war *Kodo*, der Weg des Kaisers.
Doch in welchem Maße war er verantwortlich? War er, wie
noch vor seinem Totenbett Demonstranten in den Straßen
Tokios skandierten, ein Kriegstreiber, ein Kriegsverbrecher?
Oder war er doch eher ein Werkzeug in den Händen von
Militärs, die sich politische Macht aneigneten?

Der Tenno selbst ging damals still und anspruchslos seinem strengen Tagesplan nach. Er erhob sich morgens um
sechs, wenn noch die Dunkelheit winterlicher Nächte über
dem Palast lag. Er wusch und rasierte sich selbst und kleidete
sich ohne die Hilfe von Kämmerern an. Im Garten machte er
einen kleinen Spaziergang, sammelte sich dann zum Gebet
und nahm ein westliches Frühstück ein, wie er es bei seiner
Europareise schätzen gelernt hatte. Er verzehrte einen Teller
mit Haferschleim, Eier mit Schinken und nahm dazu Toast
und Kaffee. Zu seiner morgendlichen Lektüre gehörten die
Tageszeitung *Mainichi* und *Asahi,* die noch jetzt zu den drei
größten Japans gehören, dazu in englischer Sprache
gedruckt der *Japan Advertiser.* Danach hatte er meist ein
Gespräch mit seinem alten Freund und Europa-Begleiter
Graf Nobuaki Makino, der ihm bis 1935 als Lordsiegel-
bewahrer und Berater diente, und anschließend ein weiteres
Gespräch mit dem General Nara Takeji, der ihn über alle
Angelegenheiten der Armee ins Bild setzte.

Von zehn bis 14 Uhr begab sich Hirohito meist in die Phoe-
nixhalle, wo er Audienz gab. Dabei durften die Gäste Bitten
äußern, auf die ihnen jedoch nie direkte Antworten zuteil
wurden. Graf Makino stand in einer Nische und verfolgte

den Dialog, um jederzeit einzugreifen, wenn sich Schwierig-
keiten zeigten.

Am Nachmittag gab sich der Kaiser verschiedenen Leibes-
übungen hin – er spielte etwa sehr gerne Golf. Zu seiner
Erfrischung bestieg er im Anschluß daran das *Ofuro*, das tra-
ditionelle heiße Bad, und unterzeichnete entspannt alle
Staatsdokumente, die seine Unterschrift erforderten. Gegen
sechs Uhr widmete er sich einem bescheidenen Abendessen,
las ein wenig und setzte sein Tagebuch fort, das nie jemand zu
Gesicht bekommen hat. Die Amerikaner hätten es 1945
beschlagnahmen können, unterließen das aber.

Das Leben des Kaisers verlief nach strengen Zeitplänen,
die auch seine Arbeitswoche betrafen. So leitete er am Mitt-
woch die Sitzung des Kronrates, bei der außer dem Kabinett
24 Aristokraten zugegen waren, und gab sich endlich am
Samstag seinem Studium der Meeresbiologie hin.

Das Land wurde damals von Premierminister Konoye
regiert. Fumimato Konoye war ein Prinz aus dem Geblüt der
Fujiwara und war im Amt vom 1937 bis 1939, dann wieder
von 1940 bis 1941. Konoye war einer der Wegbereiter für die
unheilvolle Entwicklung, die Japan in jener Zeit nehmen sollte. Auf ihn geht das Gesetz einer Generalmobilisierung
zurück, er war der Urheber der totalen Kontrolle, die Presse,
Parteien, Gewerkschaften und Wirtschaft bis in alle Einzelheiten hinein reglementieren sollte.

Unter ihm wurde jener Sadao Araki Unterrichtsminister,
der als Offizier, Spion, Diplomat, Armee-Instrukteur und
Kriegsminister stets den bösen Geist verkörpert hatte, der
nationalistische Arroganz mit Machtgier verknüpft hatte.
Und unter Konoye wurde auch jener Tojo Kriegsminister, der
dann seine Nachfolge antrat.

Als ein Beweis für das Zögern des Kaisers, nur noch den
Krieg als Mittel japanischer Politik zu sehen, wird oft der Dialog angesehen, den Hirohito am 6. September 1941 mit dem

Porträt des Tenno in Uniform aus den späten dreißiger Jahren

Chef des Armeestabes, Hajime Sugitama, führte. Dieser Dialog ist erhalten und lautet im Auszug folgendermaßen:

Kaiser: »Tun Sie Ihr Bestes, die Probleme friedlich, mit den Mitteln der Diplomatie zu lösen! Das sollte nicht parallel zu militärischen Vorbereitungen laufen, sondern Priorität haben.«

Sugiyama: (berichtet von der Selbsteinschätzung des Militärs, in nur fünf Monaten Malaysia und die Philippinen überrennen zu können ...)

Kaiser: »Fünf Monate? Ist das nicht Wunschdenken?«

Sugiyama: »Armee und Marine haben die Angriffspläne sorgfältig studiert. Ich denke, wir können nach Plan vorgehen.«

Kaiser: »Halten Sie die Landoperationen für so leicht?«

Sugiyama: »Ich nehme sie nicht leicht. Doch bin ich zuversichtlich, daß unsere Leute so gut ausgebildet sind, daß es nicht zu schwer ist.«

Kaiser: »Neulich beim Manöver in Kyushu hatten Sie viele ›versenkte‹ Schiffe. Glauben Sie, das passiert wirklich so?«

Sugiyama: »Ich gebe Fehler beim Manöver zu. Im richtigen Krieg wird alles glatter gehen, glaube ich, denn wir sind besser vorbereitet.«

Kaiser: »Als Kriegsminister haben Sie mir berichtet, Sie könnten die Truppen Tschiang Kai-sheks schnell schlagen. Sie haben Ihr Wort nicht gehalten. (Mit erhobener Stimme:) Sind Sie absolut sicher, den Krieg gewinnen zu können?«

Sugiyama: »Nichts ist absolut, Eure Majestät. Ich kann dazu nur sagen, daß wir wahrscheinlich gewinnen werden. Japan ist nicht auf einen Frieden von ein oder zwei Jahren aus. Wir müssen sicher sein, daß er die nächsten 20 bis 50 Jahre hält.«

Kaiser: »Ach so.«

Sugiyama: »Wir sind nicht auf Kampf aus, Eure Majestät. Wir
werden keinen Versuch auslassen, die Dinge
friedlich zu lösen. Wenn das aber fehlschlägt,
glaube ich, daß wir kämpfen müssen.«

Trotz aller Fragen Hirohitos wurden an diesem September-
tag die »Wesentlichen Beschlüsse zur Durchführung der
Reichspolitik« verabschiedet, die den Eintritt Japans in den
Krieg mit den USA, den Niederlanden und Großbritannien
bedeuteten. Denn daß man von diesen Ländern nicht erwar-
ten konnte, Tschiang Kai-shek keine Hilfe mehr zukommen
zu lassen und sich aus dem japanisch-chinesischen Konflikt
herauszuhalten oder andere Forderungen Tokios zu erfüllen,
wußte man in der »Kaiserlichen Konferenz« ganz genau. Daß
die Japaner jedoch nicht so gewiß sein konnten, die kommende Auseinandersetzung zu gewinnen, geht schon aus der
Warnung des Admirals Nagano hervor, der auf die japanische Unterlegenheit in Rohstoffen verwies, und die Stärke der
USA dagegen anführte: »Unser Reich verfügt nicht über die
Mittel zu einer Offensive, die den Feind überwältigen und
ihm den Kampfeswillen nehmen kann.«

Am nächsten Tag, auf einer zweiten Sitzung, sprach der
Kaiser die Militärs direkt an: »Warum antworten die Chefs
des Generalstabes nicht?« Hierauf griff er in die Tasche und
holte ein Gedicht seines Großvaters Meiji hervor, das lautete:

»Daß all die Gewässer um uns herum
wie Brüder sind,
das glauben wir.
Warum sie aufrühren
in Feindschaft?«

Im Japan von heute wird, wenn es um Pearl Harbor geht, viel
davon gesprochen, daß die USA seit September 1940 Boy-

kottmaßnahmen ergriffen, die zunächst den Export von Eisen und Schrott, dann die Lieferung von Öl und Benzin an Japan umfaßt hatten. Nach dem Überfall Deutschlands auf die Sowjetunion am 22. Juni 1941 erfolgte in Japan, das einen Nichtangriffspakt mit Moskau abgeschlossen hatte, die allgemeine Mobilmachung. Sie war jedoch, wie wir schon gesehen haben, durch ganz andere Konstellationen vorbereitet: der amerikanische Boykott spielte darin nur noch eine Nebenrolle.

Am 8. Dezember 1941 griffen die Japaner den amerikanischen Flottenstützpunkt Pearl Harbor auf Hawaii an und verschafften sich durch die Vernichtung von Schlachtschiffen einen befristeten Vorteil im Pazifikkrieg, der bald voll entbrannte. Japan rückte auf den Philippinen, in Singapur und auf Malakka vor, es nahm Indonesien, Thailand und Hongkong fielen in seine Hand.

Am 16. Oktober 1941 schon hatte Premierminister Konoye sein Rücktrittsgesuch eingereicht und dem Kaiser empfohlen, sein Amt an den Kriegsminister Hideki Tojo zu übertragen. Dieser war schon immer ein Günstling der kaiserlichen Familie gewesen und hatte bereits das Vertrauen des Tenno Taisho genossen, und damit auch das aller Aristokraten am Hofe, die früh von einem Großjapan geträumt hatten. Tojo hatte sich dieses Vertrauens durch zahlreiche Dienste, vor allem als Chef der Geheimpolizei in der Mandschurei als würdig erwiesen. Tojo sollte der Mann sein, an den die Historiker sich in der Frage der Kriegsverantwortlichkeit hauptsächlich halten. Unter ihm ging Japan in den Pazifikkrieg, in seiner Verantwortung gab es auch Kriegsverbrechen, für die er schließlich 1948 vor Gericht kam, verurteilt und hingerichtet wurde. Premierminister Tojo behielt sein Amt als Kriegsminister bei.

Hirohito sagte ihm: »Wir befehlen Ihnen, eine Regierung zu bilden und die Bestimmungen der Verfassung einzuhalten.

Wir glauben, daß die Nation einer außerordentlich schweren Situation gegenübersteht.« Daß daraufhin der amerikanische Botschafter Grew in Tokio seiner Regierung eine Warnung zukommen ließ, daß die Fortsetzung des Wirtschaftskrieges einen Ausbruch Japans »mit gefährlicher und dramatischer Plötzlichkeit« zur Folge haben könnte, verhinderte nicht, daß sich Washington durch den Angriff auf Pearl Harbor überraschen ließ.

Kaiserin Nagako ermuntert die Reisbauern zu höchsten Anstrengungen während des Zweiten Weltkriegs

Grew hatte Washington auch empfohlen, die Denkweise außenpolitischer Kalkulationen in Nippon nicht mit eigenen Maßstäben zu messen, ein Fehler, der notorisch amerikanisch bleiben sollte. In dieser Zeit war Hirohito über alle Einzelheiten der Planung sowie aller Aktionen des Pazifikkrieges informiert. Die Sitzungen des Generalstabs hatten den Titel: »Politisch-militärische Verbindungskonferenzen, die sich zufällig vor Ihrer Majestät ereignen.«

Der amerikanische Journalist und Historiker David Bergamini hat in einem 1612 Seiten dicken Werk mit dem Titel *Die kaiserliche Verschwörung* Hirohito als einen, wenn nicht *den* Urheber des Krieges belastet. Aber das hat auch der General Tojo getan, der den Siegern erklärte:

>»Es gibt keinen Japaner, der gegen den Willen des Kaisers handeln würde.« Und: »Der Kaiser stimmte, wenngleich zögernd, dem Krieg zu.«

Auch im Parlament von Tokio hatte er einst versichert:

>»Als Premier Seiner Majestät bin ich der Führer der Nation. Als Individuum bin ich Seiner Majestät Untertan genau wie Sie, meine Herren. Die Stellung eines Premiers leuchtet nur so weit, als sie die Strahlen Seiner Kaiserlichen Majestät reflektiert. In dieser Hinsicht bin ich also nur der Mond.«

Es hat Verteidiger für das Werk Bergaminis gegeben, aber noch mehr Angriffe. Edwin O. Reischauer, amerikanischer Botschafter in Tokio nach dem Krieg sicherlich ein einfühlsamer Kenner seines Gastlandes, wird nicht dem Verdacht ausgesetzt sein, den neuen Bündnispartner um jeden Preis zu loben, wie das einige amerikanische Autoren tun, die mit mancher amerikanischen Entwicklung zutiefst uneins, im Land der aufgehenden Sonne modellhaft neue Ufer suchen. Aber auch Reischauers Buch *Die Japaner,* schreibt penibel um den Komplex Kaiser herum. Sein eher mystischer Satz: »Alle Macht kam vom Kaiser, doch er übte keine Macht aus«, ist äußerst anzweifelbar, und es gibt zahlreiche Japaner, die darüber anders urteilen. Reischauer versuchte beim Erscheinen des Bergamini-Buches, dessen Verlag zur Einsicht zu bringen, daß dadurch das japanisch-amerikanische Verhältnis nur belastet werden könne. Der Verlag ließ sich jedoch nicht zu einem peinlichen Akt von Selbstzensur überreden.

Reischauers Versuch erinnert etwas an die devote Haltung der japanischen Regierung von 1936, die zu ihrem Schrecken erfuhr, daß Hirohito die Titelgeschichte des Nachrichtenmagazins *Time* gewidmet sein sollte, und damit auch das Titelbild. Die Redaktion in New York wurde darauf offiziell ersucht, den Lesern wenigstens eine Gebrauchsanweisung mitzuliefern, wonach auf das Antlitz Seiner Majestät gefälligst keine Biergläser oder Aschenbecher abgestellt werden dürften. Das entsprach der allgemeinen Haltung in Japan. Hier durften Bürger den Namen Hirohitos nicht einmal aussprechen und tun das auch heute noch nicht. Sie durften den Kaiser auch nicht direkt ansehen, und wenn er irgendwo, selten genug, auf der Straße vorbeifuhr, hatten alle Vorhänge geschlossen zu bleiben.

Bergamini ist selbst in Japan geboren, er hat später in einem japanischen Konzentrationslager gesessen, dann in Japan als Journalist gearbeitet. Damit besaß er nicht nur hervorragende Sprachkenntnisse, als er sich an die Untersuchung der Frage machte, wie der Pazifikkrieg entstand, sondern auch eigene Erfahrungen und vor allem vorzügliche Kontakte. Er schildert glaubhaft die ungeheure Arbeit, der er sich für dieses Buch unterzog, das Studium von über tausend Büchern und Publikationen, Hunderttausenden von Seiten aus Prozessen und anderen Zeugnissen dieser Zeit, und Hunderte von Stunden, die er im Interview auf Band aufnahm – wobei es, als sein Vorhaben bekannt wurde, in Japan immer schwie-

87

riger wurde, solche Gespräche zu führen. Daß er zum Teil auch vertraulich gehaltene Aufnahmen verwertet, ist journalistisch zwar legitim, hat ihm aber den Argwohn einiger Historiker eingetragen.

Vor allem aber macht Bergamini den Fehler nicht, den man ihm in diesem Lager vorhält: Er sieht in Hirohito nicht einen dämonischen Hitler in japanischer Version, der Kraft seiner finsteren Persönlichkeit Kader organisiert und Massen fasziniert, bis sich das Land in eine einzige Kriegsmaschine unter seinem ausschließlichen Kommando verwandelt hat. Die Simplizität dieses Bildes träfe nicht einmal auf Hitler zu. Vielmehr stellt Bergamini Zusammenhänge zur Vorgeschichte dieses Krieges her, die wesentlich die Instabilität des Landes nach der mehr oder weniger erzwungenen Öffnung Japans berühren. Eine wichtige Rolle spielt dabei die Clique von Militärs und Aristokraten, die den Dunstkreis abgaben, in dem Hirohito erzogen, beeinflußt und endlich mit der Macht versehen wurde, die er auf die von General Tojo beschriebene Weise dann verhalten, meist durch Stillschweigen bekräftigend, ausübte.

Daß, wie Bergamini ausführt und belegt, Hirohito in alle Kriegsstudien und -pläne eingeweiht und verstrickt war, ist nicht zu leugnen. Als nach den Atombomben auf Hiroshima und Nagasaki die Kapitulation unausweichlich wurde, hatte der Kaiser wohl eine ähnliche Einsicht über sich selbst gewonnen, wie man noch sehen wird.

Auf jeden Fall darf man sich der These Bergaminis anschließen, daß in Japan die Fabrikation eines Lügengewebes betrieben wird, das zur eigenen Ent-Schuldigung wie zu der des Tenno gedacht ist. Zum Schluß, daß Hirohito der Hauptschuldige ist, muß man darum aber noch nicht kommen. Gerade in den letzten Tagen des Krieges hat der Kaiser gezeigt, daß er die letzte, konsequente Phase dieses Krieges vermeiden wollte – die totale Zerstörung Japans.

1945 hieß Japans Premierminister Kantaro Suzuki und war 77 Jahre alt. Tojo hatte seine Ämter aufgegeben und war als Berater geblieben.

Die Kapitulation Japans – und des Tenno

Der Kriegsrat trat am Donnerstag, den 9. August 1945, um 10.30 Uhr zusammen. Suzuki eröffnete die Sitzung mit folgenden Worten:

> »Meine Herren, ich muß Ihnen mitteilen, daß ich zu dem Schluß gekommen bin, daß wir diesen Krieg nicht unbeschränkt fortsetzen können. Nachdem auf Hiroshima die Atombombe gefallen ist und uns die Sowjetunion den Krieg erklärt hat, scheint es für uns keinen anderen Weg zu geben, als die Potsdamer Beschlüsse zu akzeptieren. Würden Sie dazu bitte Ihre Meinung äußern?«

In Potsdam hatten Truman, Churchill und Stalin die bedingungslose Kapitulation Japans gefordert, zugleich seine grundsätzliche Entwaffnung, die Beseitigung der Kriegsindustrie, die Bestrafung seiner Kriegsverbrecher. Auch wollten sie »für immer Autorität und Einfluß jener ausschalten, die das japanische Volk getäuscht und irregeführt hatten, indem sie es in die Welteroberung hineintrieben«.

Außer Suzuki stimmten im Kriegsrat noch Marineminister Yonai und Außenminister Togo für Kapitulation; dagegen äußerten sich bereits vorher Kriegsminister Anami, General Unezu und Admiral Toyota. Man hatte sich also im Verhältnis drei zu drei blockiert, und so ging es zunächst auch an diesem 9. August. Die Sitzung wurde auf den Nachmittag verschoben, und durch die Nachricht beschwert, auch auf die Stadt Nagasaki sei eine Bombe des »neuen Typs« gefallen. Man blieb dennoch beschlußunfähig, während der Generaldirektor des Informationsamtes, der siebzigjährige Hiroshi Shimomura, um eine Audienz beim Kaiser nachsuchte. Dort blieb er ungefähr zwei Stunden und kehrte mit allen Anzeichen von Erleichterung zurück; er hatte Hirohito dazu überredet, direkt zu seinen Untertanen zu sprechen – im Radio:

>Seine Majestät ist einverstanden. Krieg oder Frieden, der Kaiser wird direkt zur Nation sprechen. Ich bin froh.«

Kurz vor Mitternacht endlich wurden die Mitglieder des Obersten Kriegsrates vor den Kaiser gebeten. In der stickigen Bunkerluft unter dem Palast wurden dem Kaiser noch einmal die den ganzen Tag über ausgetauschten Argumente zu Gehör gebracht. Hirohito sagte: »Ich habe die gegenwärtige Situation sorgfältig erwogen. Eines ist offensichtlich. Setzt den Kampf fort, und wir werden die ganze Nation in noch mehr Elend und Verwüstung stürzen. Ich kann es nicht länger ertragen, daß meine unschuldigen Untertanen unter den Grausamkeiten des Krieges leiden.«

Kaiser Hirohito, oberste Priesterhoheit der Staatsreligion Shinto, 124. Abkömmling der Sonnengöttin Amaterasu, Souverän der japanischen Nation und nach Auffassung vieler Nationalisten dazu bestimmt, nicht nur sein Land zur Glorie zu führen, sondern die Welt und das Universum zu beherrschen, hat sich außer bei offiziellen Anlässen selten als Person eingebracht. Was immer er hinter dem Chrysanthemenvorhang an Weichen stellte, wie immer er auch persönlich zu politischen Entscheidungen stand, es war schwer auszumachen. In diesem noch mittelalterlichen Netzwerk von höfischen Beziehungen, Aristokratencliquen und Ritualen war immer schwer oder gar nicht zu erkennen, wie er persönlich fühlte und dachte.

Damals, an jenem 9. August des Jahres 1945, warf er jedoch seine Persönlichkeit und sein Amt in die Waagschale. Der Mann, der die Nation so verkörpert, daß ihn die meisten als ihren Vater ansehen, bezog Stellung. Sein Entschluß ließ ein Schaudern durch den Raum gehen. Der Kaiser hatte soeben

Hirohito als Vorsitzender der Militärkonferenz vom 2. Mai 1943

die Niederlage Japans besiegelt. Niemals in 2000 Jahren hatte sich Japan in die Hand einer Siegermacht gegeben. Einige der Anwesenden ließen ihren Tränen freien Lauf.

Die Antwort der Alliierten bestätigte die schlimmsten Befürchtungen derer, die mit einer Kapitulation auch die Einzigartigkeit des japanischen Kaisertums zu verlieren glaubten:

»In Antwort auf die Mitteilung der japanischen Regierung, daß sie die Bedingungen der Potsdamer Beschlüsse akzeptiert, › aber festhält, daß die besagten Beschlüsse keine Forderung enthalten, die die Vorrechte Seiner Majestät als souveräner Herrscher beeinträchtigt ‹, erklären wir: Vom

Augenblick der Übergabe an werden die Autorität des Kaisers und der japanischen Regierung, den Staat zu regieren, dem Oberkommandierenden der Alliierten Streitkräfte unterstellt, der alle Schritte tun wird, die geeignet scheinen, die Übergabebedingungen in die Tat umzusetzen ...«

Die Alliierten sprachen auch vom freien Willen des Volkes als der angestrebten Regierungsform für Japan; das Kabinett mußte sich mit den entsprechenden, in Englisch gegebenen Definitionen auseinandersetzen. Kriegsminister Anami plädierte dafür, den Kampf fortzusetzen. Sein Adjutant, Major Hatanaka, erst 33 Jahre alt und ein unbeugbarer Fanatiker, sprach zu ihm dagegen schon von der Notwendigkeit, Selbstmord zu begehen.

In der Armee machte sich eine Stimmung breit, per Staatsstreich die unwürdige Entscheidung der Politiker zu verhindern. Noch bevor Kriegsminister Anami die ihm abgeforderte Antwort dazu erteilen konnte, kam es zu einer zweiten Audienz beim Kaiser, der sich noch einmal willens zeigte, die Forderung der Alliierten zu akzeptieren:

»Die Gründe der Opposition dagegen sind beeindruckend. Doch seit dem vergangenen Freitag hat sich meine Haltung nicht geändert. Sorgfältig habe ich die Lage Japans und der Welt bedacht und bin zu dem Schluß gekommen, daß wir den Krieg nicht fortsetzen sollten. Sicherlich gibt es gewisse Befürchtungen in Bezug auf den Erhalt des nationalen Staatswesens. Nachdem ich das Angebot des Feindes gründlich untersucht habe, kann ich aber nicht umhin, seine gute Absicht zur Kenntnis zu nehmen. Am Ende hängt alles von unserem Volk ab, in das ich Vertrauen setze. Daher bin ich für die Annahme der Bestimmungen der Beschlüsse. Ich bin entschlossen, alles zu tun, was von mir verlangt wird. Wenn Sie glauben, ich sollte mich über Radio an die Nation wenden, so will ich das tun. Es gibt keinen Zweifel, daß unser Volk, und besonders die Soldaten, darüber schockiert sein werden. Wenn das nötig ist, will ich direkt zur Armee sprechen.«

Kann es dagegen noch Aufruhr geben, wird jemand es wagen, sich dem kaiserlichen Befehl zu widersetzen? »Der Souverän ist allmächtig. Kein Untertan kann sich anmaßen, die Entscheidung zu ändern«, meint die Redaktion der Zeitung *Mainichi*, die in einem Buch die Ära Showa dargestellt hat und den Beschluß des Tenno als Zeichen seiner Absicht wertet, den Frieden wieder herzustellen. Aber wenn die Allmacht des Tenno so groß ist, daß seinem Befehl zum Einstellen des Krieges niemand widersprechen darf, war dann nicht seine Allmacht auch gegeben, als Japan unter seinem Oberkommando in den Krieg eintrat?

In dem Augenblick, als der Kaiser sich zur Kapitulation bereit erklärte, stellte er sich auch persönlich bloß. Er verzichtete, wie sich noch zeigen wird, darauf, Souverän der Nation zu sein, er entsagte seiner göttlichen Autorität und stellte sich damit den Kritikern zur Disposition, die auch in Japan nicht schweigen würden.

Wieder ging die Uhr auf Mitternacht zu. Um 23.25 Uhr, nach Stunden verzweifelter Diskussion um jedes Wort, das der Kaiser sprechen sollte, begab sich Hirohito zur Tonaufnahme in seine Amtsräume und stellte sich vor ein Mikrophon. Er sprach seinen Text zweimal, um sicherzugehen. Die beiden Schallplatten wurden vom Kämmerer Tokugawa in Verwahr genommen, da man befürchtete, daß sie Meuterern in die Hand fallen könnten.

Die Befürchtung bestand zu Recht. Der fanatische Major

Folgende Doppelseite: Der Kaiser verschafft sich einen Überblick über das Ausmaß der Zerstörungen: zerbombte Häuser in Tokio

Hatanaka, der schon dem Kriegsminister zu Selbstmord geraten hatte, operierte mit einem gefälschten Befehl und ordnete an, den gesamten Palast zu durchsuchen und die Rundfunkanstalt NHK zu besetzen, die des Kaisers Stimme aufgenommen hatte. Dabei geriet Hatanaka auch an den Kämmerer Tokugawa, der leugnete, etwas von den Schallplatten zu wissen. Hatanaka schlug ihn daraufhin nieder und seine Soldaten versuchten, Premierminister Suzuki umzubringen. Hatanaka selbst bemühte sich, die Techniker von NHK dazu zu bewegen, ihm Sendezeit zu geben. Dann hörte er, daß die Armee seinen Aufstand niedergeschlagen habe, und daß sich Kriegsminister Anami auf der Terrasse seines Hauses niederlasse, das Gesicht dem Palast zugewandt, und sich den Bauch aufschlitze. Hatanaka ging ins Freie und schoß sich eine Kugel durch den Kopf. Die Meuterei endete nach sechs Stunden.

Am Mittag des 15. August 1945, aufmerksam gemacht durch Ankündigungen von NHK, warteten im ganzen Land Millionen von Japanern vor ihrem Rundfunkgerät, um zum ersten Mal im Leben die Stimme ihres Kaisers zu hören. Hirohitos Stimme war brüchig, sein Japanisch altmodisch und höfisch, den meisten kaum verständlich. In Fabriken, Schulen, Verwaltungsgebäuden hörten die Japaner, knapp eine Woche nach dem Abwurf der Atombomben auf Hiroshima und Nagasaki, ihres Kaisers zittrige, hohe Stimme. Hirohito begann mit einer Lüge:

»Wir haben Amerika und Großbritannien den Krieg aufgrund unseres starken Wunsches erklärt, Japans Überleben und ein stabiles Ostasien zu garantieren, wobei es uns fernlag, anderen Nationen unsere Herrschaft aufzuzwingen oder unser Territorium zu vergrößern. Doch der Krieg dauert nun schon vier Jahre. Obgleich alle taten, was sie konnten, hat sich der Krieg nicht notwendig zu Japans

Vorteil entwickelt, während sich die allgemeine Entwicklung der Welt ganz und gar gegen seine Interessen stemmt. Vor allem hat der Feind begonnen, eine neue und höchst grausame Waffe zu gebrauchen, deren Zerstörungskraft tatsächlich niemand einschätzen kann ...

Wir sind uns über Euer aller, unserer Untertanen, innerste Gefühle völlig klar. Jedoch dem Befehl der Zeit und des Schicksals gehorchend, haben wir uns entschlossen, einem großen Frieden für die kommenden Generationen den Weg zu bereiten, indem wir das Unerträgliche ertragen und erdulden, was man nicht erdulden kann.«

Der Kaiser trat ab, so sah es jedenfalls aus, und ein neuer Shogun betrat die politische Bühne Japans: der amerikanische General Douglas McArthur.

Die Bilanz war erschütternd. Seit 1944 hatten amerikanische Bomber einen Feuerteppich über das Land gelegt und 60 Städte in Schutt und Asche gelegt. Über drei Millionen Japaner waren umgekommen, davon 800 000 Zivilisten. Jeder dritte Japaner war obdachlos. Dazu gesellte sich der moralische Zusammenbruch. Jahrzehnte der Propaganda und Gehirnwäsche hatten die Japaner nicht darauf vorbereitet, daß ihre Welt so enden könnte.

Hirohito war zum Zeitpunkt der Kapitulation 44 Jahre alt. Klein, 1,64 Meter groß, ging er in seiner Militäruniform durch die Ruinen Tokios. Auch von seinem Palast stand nicht mehr viel.

Japans Industrie war bis auf ein Viertel der ursprünglichen Kapazität vernichtet. Hungersnöte drohten, die Lebensmittelversorgung war zusammengebrochen.

Die Kapitulation wurde von einem neuen Kabinett unter Prinz Higashi Kuni vollzogen. Zwei Wochen nach der Rede des Kaisers kam der Alliierte Oberbefehlshaber, General McArthur, an Land.

Sein Schlachtschiff »Missouri« machte in der Bucht von Tokio fest. Am Morgen des 2. September 1945 erschien dort der Außenminister Shigemitsu zusammen mit dem Generalstabschef Umezu, die Kapitulation wurde unterzeichnet. Shigemitsu befürchtete, daß tausend Jahre japanischer Geschichte ausgelöscht würden.

Aber Japan sollte einen anderen Weg gehen.

Es war der Weg zu einer der führenden Wirtschaftsmächte der Welt. Doch zunächst rechneten andere Mächte mit ihm ab, mit seinem falschen Anspruch, ausersehen und einzigartig zu sein, sich darum einen Teil der Welt unterjochen zu dürfen, mit seinen Kriegsverbrechern und der Göttlichkeit seines Kaisers.

General McArthurs Herrschaft über Japan hatte ihren rechtlichen Grund in den Potsdamer Beschlüssen wie in den Anweisungen der amerikanischen Regierung. Das Hauptquartier des Oberkommandierenden der Alliierten Streitkräfte (GHQ-SCAP = *General Headquarters of the Supreme Commander for the Allied Powers*) verwaltete die Besetzung Japans. Die Prozesse gegen Kriegsverbrecher begannen schon im Dezember 1945. Über 200 000 Japaner wurden von jeglicher politischen Aktivität ausgeschlossen, 5700 wurden angeklagt, 920 hingerichtet.

Das amerikanische Magazine *Time* rügte in seiner Ausgabe vom 3. Mai 1946, der Prozeß von Tokio wirke »wie die dritte Auflage einer Tournee mit der Nürnberg-Show«. Der Ex-Premier- und Kriegsminister Hideki Tojo formulierte, was viele Japaner noch heute denken: »In letzter Analyse war dieser Prozeß ein politischer. Es war allein die Justiz des Siegers.« Tojo fand den Tod durch den Strang.

Es brauchte 818 Sitzungen, 417 Tage Verhandlung und sieben Monate Urteilsberatung, bis der Internationale Miltärgerichtshof für den Fernen Osten am 4. Dezember 1948 sein Urteil sprach.

Der Kaiser als Symbol des Staates und der Einheit des Volkes

Kaiser Hirohito war nicht vor Gericht gestellt worden. Einer von den elf Richter war der Australier Sir William Flood Webb, der später schrieb:

> »Für einen Bund demokratischer Regierungen mutet es ziemlich seltsam an, mit großem Aufwand an Leben und Material den Krieg gegen eine autokratische Regierung zu führen, und dann den Autokraten an der Spitze dieser Regierung in einer Position der Führerschaft zu belassen. Doch Hirohito war nicht nur ein Individuum; er war ein Symbol. Wie schuldig er auch immer persönlich gewesen sein mag, so war er doch die spirituelle Verkörperung seiner ganzen Nation. 1945 nahm eine Mehrheit der Japaner als Bestandteil des religiösen Glaubens als wahr an, daß Japan und der Kaiser untrennbar waren und zusammen leben oder sterben mußten.«

Auf Weisung des SCAP mußten alle Tageszeitungen Japans ein Foto abdrucken, das Hirohito bei seinem Besuch im Hauptquartier McArthurs zeigte, nicht weit entfernt vom Palast. Der Monarch war in einen engen Bratenrock gepreßt und wirkte klein, verkrampft und nervös. Neben ihm ragte hoch die Siegergestalt des Amerikaners auf, lässig und überlegen. Dieses Foto erzeugte einen beachtlichen Propagandaeffekt. Nun begannen viele Japaner doch zu glauben, daß es tatsächlich vorbei sei.

Dem Vernehmen nach war Hirohito gekommen, um sich selbst als Schuldigen darzubieten, was letzten Endes zu seiner Exekution hätte führen können. Daß er bereit war, persönlich die Verantwortung für das Kriegsgeschehen zu übernehmen, brachte ihm eine gewisse Hochachtung des Amerikaners ein, der nun begriff, auf den »ersten wirklichen Gentleman Japans«

gestoßen zu sein und dem Kaiser versicherte, er werde von größerem Nutzen sein, wenn er zum Frieden Japans beitrage.

In die neue Verfassung wurde ein Artikel eingebracht, der die Friedfertigkeit des Landes für immer zementieren sollte. In Artikel 9 heißt es:

»(1) Im aufrichtigen Streben nach einem auf Gerechtigkeit und Ordnung gegründeten internationalen Frieden verzichtet das japanische Volk für immer auf den Krieg als ein souveränes Recht der Nation und auf die Androhung von Gewalt als Mittel, internationale Streitigkeiten zu regeln. (2) Um das im vorausgehenden Absatz bezeichnete Ziel zu erreichen, werden niemals mehr Land-, See- und Luftstreitkräfte sowie andere Mittel zur Kriegsführung unterhalten werden. Das Recht des Staates auf Kriegsführung wird nicht anerkannt.«

Und in Artikel 1 steht geschrieben:

»Der Kaiser ist das Symbol des Staates und der Einheit des Volkes. Er leitet seine Stellung vom Willen des Volkes ab, welches die Souveränität innehat.«

Hirohito bekräftigte das in seiner Neujahrsansprache zum 1. Januar 1946, worin er beteuerte, daß »die Einheit von Dynastie und Volk seit langem auf gegenseitigem Vertrauen und Respekt, nicht auf Mythen und Legenden beruht. Der Kaiser ist keineswegs göttlich, das japanische Volk ist über die anderen Völker nicht erhaben; es ist eine eitle Lehre, daß Japan berufen sei, die Welt zu beherrschen.« Den Rest regelte mehr und mehr die Politik der neuen Demokratie. Ein Jahr später stellte der Reichstag fest, der japanische Thron sei dynastiegebunden, wobei sich die Erbfolge nach dem Gesetz über den Kaiserlichen Haushalt richte.

Da der Krieg weitgehend auch im Zeichen der Staatsreli-

Sieger und Besiegte: US-General Mac Arthur und Kaiser Hirohito am 27. September 1945 in der US-Botschaft von Tokio

gion Shinto geführt worden war, wurde ab 1945 jede staatliche Förderung des Shintoismus untersagt. Der Shinto galt als das Fundament der extremistischen Kaiserbewegung und der nationalistischen Geschichtsschreibung. In seinem grundlegenden Werk über den Shinto hatte Motoori Norinaga (1730–1801) festgehalten: »Im weiteren Sinne bezieht sich das Wort (Shinto) auf alle göttlichen Wesen im Himmel und auf Erden, von denen die Klassiker sprechen. Im engeren Sinne sind Gottheiten jedoch alle die Geistwesen, die in den Schreinen wohnen, und dort verehrt werden. Auch Menschen, Vögel, Tiere, Bäume, Pflanzen, Berge und Meere können grundsätzlich göttliche Wesen werden. Nach alter Tradition wurde alles, was auffiel und beeindruckte, was eine überragende Eigenschaft zeigte oder ein Gefühl der Ehrfurcht erweckte, Gottheit genannt.«

In der ersten Phase japanischer Nachkriegsgeschichte machte man sich allgemein wenig Gedanken darüber, ob der Kaiser noch politische Macht besaß und wie weit seine Göttlichkeit reichte. Wohl gab es Versuche, den Kaiser ganz und gar abzuschaffen und ihn mit der Schuld an einem Krieg zu identifizieren, dessen Verheerung noch lange Zeit spürbar blieb. Wie das Zitat von Norinaga zeigt, konnte man auch den Begriff der Göttlichkeit nur bedingt mit westlichen Termini gleichsetzen, zumal es für den Japaner rund acht Millionen geistgottähnlicher Wesen gibt. Andererseits war die latente Göttlichkeit des Tenno nach der Meijirestauration in einem solchen Grade manipuliert worden, daß schon die Schulkinder lernten, bei seinem Anblick die Augen abzuwenden, weil sie sonst erblinden würden. Die Nationalisten hatten, unwidersprochen durch die Tennos, den Begriff zur Erlangung absoluten Gehorsams und fanatischer Todesfreude gesteigert. Daß nun Städten und Gemeinden untersagt wurde, Shinto-Schreine finanziell zu fördern und die Verfassung Religion und Staat trennte, wirkte zunächst beruhigend.

Politologen stellten die Frage, ob der Kaiser überhaupt ein Monarch sei. Laut Verfassung trug die Regierung die Verantwortung für alle Handlungen des Kaisers, der dabei als

Staatsoberhaupt fungierte, indem er Botschafter, Gesandte und Staatsgäste empfing und seine Unterschrift unter Ratifikationsurkunden setzte. Im Büro des Premierministers wurde eine eigene Abteilung geschaffen, die alle politisch relevanten Handlungen des Palastes observierte. Wenn auch in Artikel 6 der Verfassung steht: »Der Kaiser ernennt den vom Reichstag bestimmten Premierminister«, so hält Artikel 4 dagegen, daß der Tenno keinerlei Regierungsbefugnisse besitzt.

Es paßte dazu, daß Hirohito seinen bescheidenen Lebensstil fortsetzte und sogar – wie nie zuvor ein Tenno – unter die

1964 finden die Olympischen Spiele in Tokio statt: der Kaiser bei der Eröffnungsrede im olympischen Stadion

Bevölkerung ging. Man sah ihn auf Reisfeldern und in Kohlebergwerken, und in manchen seiner Untertanen keimte
damals die, wie sich dann zeigte, unsinnige Hoffnung auf,
durch die Erschütterung des großen Krieges sei ihnen nun ein
volksnaher Kaiser geschenkt worden. Hirohito hielt ab und
zu kurze Reden, in denen jedes einzelne Wort vorher vom
Kaiserlichen Haushalt abgesegnet worden war, und wenn er
gezwungen war, einen Kommentar abzugeben, so kam
nichts weiter als: »Ah so desu ka?« hervor, eine Phrase, die
höfliches, mildes Erstaunen und zugleich einen Grad der
Zustimmung ausdrückt, etwa: »Ach, ist das so?« Seine Ausflüge in die Welt seiner Landeskinder fanden dann immer
seltener statt und hörten am Ende auf, nicht deshalb, weil sich
die notorische Hofberichterstattung auf das Fernsehen verlegte, was allemal in den Nachrichten ein hübsches, mit Tele
geschossenes Bild Seiner Majestät ermöglichte, etwa, wie er
zu Neujahr im Palast dem Vortrag von Gedichten lauschte,
oder sich gedankenvoll in einem sommerlichen Garten er-
ging. Nirgendwo, auch in japanischer Literatur, findet sich ein
Porträt des Mannes, der Angelpunkt eines der grausamsten
und blutigsten Kriege war, und später die höchste Person
eines Landes, das nach dem Krieg wieder außerordentlich an
Macht gewann. Daß er, wie Beschreibungen eher respektlo-
ser Amerikaner lauten, wie ein »Kleinstadtapotheker oder ein
Gymnasialdirektor« aussah, mag zwar zutreffen, erhellt aber
nichts vom Charakter des Tenno. Vor allem erfährt man
nichts über seine Vorlieben und Antipathien, über ihn persönlich bewegende Episoden, über gar Leidenschaften oder
Konfusionen – außer dem, was der Kaiserliche Haushalt
dosiert nach außen dringen läßt oder Beobachter aus der Ent-
fernung wahrzunehmen glauben.

Eine dieser Informationen besagt etwa, daß Hirohito westliches Essen bevorzugt, obgleich er nach dem Krieg auf japa-
nisch-vegetarische Grundgerichte überging – Süßkartoffeln,

Reis, Kürbis, Nudeln, Aal und Sushi, in rohen Fisch einge-
wickelte Reisbällchen. Daß er eine elementare Angst vor Ver-
giftungen habe, wird wohl, falls diese Indiskretion zutrifft,
eher auf alte höfische Übermittlung denn auf den Zustand
der japanischen Lebensmittelindustrie zurückzuführen sein,
obgleich auch diese gelegentlich Anlaß zu Argwohn gibt.
Ebenso sagt es nicht viel, wenn bekanntgegeben wird, der
Kaiser bewege sich meist in westlicher Kleidung, denn diese
ist schon seit mehr als hundert Jahren auch in den besten
Gesellschaftskreisen in Gebrauch. Daß der Fukiage-Palast,
die »den Odem erhebende Stätte« hinter den Schloßmauern,
von 15 Räumen nur einen einzigen im japanischen Stil eingerichtet hat, ist auch nicht besonders aussagekräftig. Vermutlich weil über sein Innenleben so wenig verlautet, wird dafür
in ziemlicher Ausführlichkeit berichtet, daß sich Hirohito als
Meeresbiologe in seinem Labor, mit einem Dutzend Wissenschaftler an seiner Seite, mit einigem Erfolg betätigt. Hier sei
ein amtliches Beispiel für diese Art von Bestätigung für den
einsamen Forscher abgedruckt:

»Zehntes wissenschaftliches Werk des Kaisers«.

Seine Majestät der Kaiser, der sich, soweit es seine Zeit
erlaubt, biologischen Forschungen widmet, vollendete kürz-
lich sein zehntes wissenschaftliches Werk. Es trägt den Titel
Some Hydroids of the Amakusa Islands und wurde Interessenten
im In- und Ausland, etwa Bibliotheken, Universitäten, For-
schungsinstituten oder einzelnen Wissenschaftlern über-
mittelt. Das neueste Werk des Kaisers stellt eine biologische
Klassifikation von Kleinlebewesen aus dem Meeresbereich
um die Amakusa-Inseln, die an der Westküste Kyushus liegen, dar. Als der Kaiser im Jahre 1931 eine Reise nach Kyushu
unternahm, überreichte ihm die Universität Kyushu eine
Sammlung von Hydroiden. Die Meeresversuchsstation der
Universität Kumamoto tat ein Gleiches, als der Kaiser im Jahre 1966 dem Regierungsbezirk Oita in Kyushu einen Besuch

abstattete. Unter den Hydroiden, die in dem Werk klassifiziert wurden, finden sich acht Arten, die der Kaiser selbst entdeckt hat, u. a. › Amakusa Umikoppu ‹ (Clytia delicatula var. amakusana) und › Heritsuki sakazuki ‹ (Orthopyxis australis – Stechow –).

Das Werk wurde in zweifacher Ausführung veröffentlicht, in einer 38 Seiten umfassenden Ausgabe mit japanischem und englischem Text. Im freien Handel ist es nicht erhältlich.

Die vorliegende Veröffentlichung ist das zweite Werk des japanischen Kaisers über Hydroiden. Das erste wurde im Februar 1967 herausgegeben. Die bisherige wissenschaftliche Arbeit des Kaisers fand ihren Niederschlag in folgenden Veröffentlichungen:

1. Opistobranchia of Sagami Bay
   25. September 1949, Iwanami Publishing House
2. Supplement (Ito Opistobranchia of Sagamu Bay)
   29. April 1955, Iwanami
3. Ascidians of Sagami Bay
   30. Juni 1953, Iwanami
4. The Crabs of Sagami Bay
   29. April 1965, Maruzen Co.
5. Flora Nasuensis
   29. April 1962, Sanseido
6. Supplement (to Flora Nasuensis)
7. Myxomycetes Nasu Districts
   30. Oktober 1964, Sanseido
8. A Review of the Hydroids of the Family Clathrozonidae with Description of a New Genus of Species from Japan
   15. Februar 1967, Hoikusha
9. The Hydrocorals and Scleractinian Corals of Sagami Bay
   29. April 1968, Maruzen Co.

Daß Hirohito über wissenschaftliche Neigung wie Fähigkeit verfügt, wird allgemein nicht bestritten, wenn er auch nur in wenigen Fällen die volle Autorenschaft für die genannten Werke beansprucht.

Zwar vergilben im Nationalarchiv von Washington 318 Briefe und Postkarten, die von Japanern an General

Im Labor des kaiserlichen Palastes geht Hirohito mit großem Interesse seinen biologischen Forschungen nach

McArthur geschrieben wurden, als er die Macht über Japan übernahm. Teils sind diese Botschaften mit dem Blut der Absender geschrieben und sie enthalten alle die Bitte, das Leben des Kaisers zu verschonen, etwa so: »Ich schwöre vor den Göttern, daß ich nicht zögern will, mein eigenes Lebens anzubieten.« Die meisten Japaner haben ihren Frieden mit Hirohito geschlossen, als der Krieg zu Ende ging – wenn sie überhaupt je Widerstand gegen den Chrysanthemen-thron in sich verspürten.

Es hat aber nicht gänzlich an Kritik gemangelt. Professor Kiyoshi Inoue von der Universität Kyoto hat 1975 in seinem Buch *Des Kaisers Verantwortung für den Krieg* Hirohito mit sei-nem Konterpart Adolf Hitler verglichen; die Beweisführung ist dafür etwas dünn geraten, doch ist schon bemerkenswert, daß überhaupt ein japanischer Verlag dieses Buch druckte. Der Autor Shichiro Fukazawa ließ 1960 seiner rächenden Phantasie die Zügel schießen, als er in einer Erzählung jeman-den träumen macht, wie Plebejer mit einem Säbel zunächst dem Kronprinzen Akihito und dessen Gemahlin Michiko die Köpfe abschlagen, die mit einem metallischen Geräusch auf den Boden purzeln; die Hinrichtung des Kaisers und sei-ner Frau folgen sodann. Die einzige bemerkenswerte Reak-tion auf diesen Gewalttraum war ein Attentat von Rechts-extremisten auf das Privatheim des Verlegers, wobei die Die-nerin getötet und die Ehefrau verletzt wurde – an den Kaiser legt man nicht Hand an.

Der Kaiser sei ein kleiner, eulenhafter Mann, der randlose Brillen und dunkle Geschäftsanzüge trage, jedenfalls kaum das Bild eines Monarchen biete, der von Japan als Gott ver-ehrt wird, stellte das Magazin *Newsweek* fest, als Hirohito sich für seine Reise in die USA rüstete. Viele Einzelheiten in seinem Lebenslauf seien unklar, meinte die New York Times im selben Jahr 1975, stellte aber freundlich wie falsch dazu fest: »Der Kaiser von Japan ist ohne Macht«. Hirohito vermied tunlichst alle Fragen zu seiner Person wie auch zur Kriegs-schuld. 1981 nahm er das Mittagsmahl mit den Präsidenten von 15 japanischen Zeitungen und Nachrichtenagenturen ein und sagte dort, er habe nur zweimal in seinem Leben in die Politik eingegriffen, bei der Revolute junger Offiziere 1936 und bei der Kapitulation 1945.

1983 zitierte die Tageszeitung *Mainichi* Hirohito mit dem Satz: »Es war schlicht unvermeidbar und nicht mit unserem Wunsch vereinbart, die Klingen mit Amerika und England zu kreuzen.« Die Redaktion fügte ehrerbietig dazu an: »Japan wäre ohne den Tenno nicht es selbst. Doch niemand ist in der Lage zu erkennen, was im erhabenen Herzen Seiner Majestät geht und kommt.«

Auch wenn Hirohito direkt herausgefordert war, hüllte er sich in mehrdeutige Antworten. Das war schon so bei seiner ersten Begegnung mit General McArthur, dem er gestand: »Es wurde mir nicht klar, daß unsere Sache ungerecht war«, wobei er hinzusetzte: »Auch jetzt bin ich mir nicht sicher, wie zukünftige Historiker die Verantwortlichkeit dieses Krieges beurteilen.«

Gedenken an Hiroshima

Es gibt einen Ort in Japan, an dem man, trotz aller Vorberei-tung und trotz aller Abgestumpftheit durch Zeiten, in denen das politische Verbrechen noch immer das Antlitz des Men-schen schändet, schlagartig von der Ungeheuerlichkeit die-ses Kriegs ergriffen wird, für den Hirohito stand und auf den er noch immer so wenige Antworten weiß. Dieser Platz ist Hiroshima.

Hier gehen jedes Jahr in der ersten Augustwoche viele Menschen zum Ota-Gawa-Fluß, der sich in der Bucht von Hiroshima in mehrere Arme teilt und so der Stadt zu ihrem malerischen Anblick verhilft; die grünen Berge im Hinter-grund, davor die Inlandsee mit ihren Inseln. Im Dunkeln treiben dann auf den Fluten Tausende von Papierlaternen, die toten Seelen dieser Gegend, die ihren Weltruf daher hat, daß hier die erste Atombombe fiel. Bilder der Trauer durchgeistern Hiroshima, das heute 870 000 Einwohner hat.

Die meiste Zeit des Jahres überwiegt der Alltag, die Produktion von Autos, optischen Geräten oder *Sake*, Japans Reiswein. Auch werden hier 70 Prozent aller Austern des Landes gezüchtet.

Nur in dieser Woche, zum Jahrestag der Ungeheuerlichkeit, als die Uraniumbombe mit der Sprengkraft von 20 000 Tonnen TNT explodierte, alle furchtbaren Neben- und Nachwirkungen nicht mitgezählt, kommen die Trauernden aus allen Teilen Japans und vereinen sich mit den *Hibakusha*, den Feuerbombenmenschen, den Opfern, die heute noch leben.

Hiroshima, das begreift man dann, kennt in Wirklichkeit keinen Alltag und bleibt eine Stadt der endlosen Angst. Als die Bombe in einer Höhe von 577 Metern explodierte, war sie ein Blitz, der die Stadt hinwegwischte. Nur ein paar Betonmauern, erdbebensicher gebaut, hielten stand. Die Menschen wurden in einer Sekunde getötet, so schnell, daß man oft ihre Spuren nicht mehr fand, oder nur noch ihre Schatten an Mauern und Hauswänden. Viele litten aber auch lange und unter unbeschreiblichen Schmerzen. Die Soldaten, die hier stationiert waren, wurden nicht mehr gezählt, und auch nicht die Zwangsarbeiter aus Korea.

Heute nimmt man an, daß die Bombe am 6. August 1945 morgens um 8.15 Uhr mehr als 130 000 Menschen getötet hat. Hier, und Tage danach in Nagasaki, merkte man jedoch bald, daß noch mehr Unheil folgen sollte. Die Strahlung hatte viele Menschen verseucht, erst war es vor allem Leukämie, dann andere Formen von Krebs. Hiroshima ist bis heute eine Stadt der Angst geblieben, in der jeder davor zittert, auch ein Geschwür an sich zu entdecken. Jedes Jahr gehen Tausende noch immer zur Untersuchung.

In Hiroshima waren es zunächst die Franziskanermönche, die den Verseuchten halfen. Das Krankenhaus, getragen vom Roten Kreuz und nur zum Teil vom Staat finanziert, kam viel später. Es ist ein bescheidener Bau, ohne Grünanlagen, von lauten Verkehr ringsherum erschüttert.

Der Chef der Internen Abteilung, Doktor Ishida, weist umfangreiche Statistiken und Krankengeschichten vor – langsame, über die Jahre gehende Analysen einer Todesart, wie sie die Welt vorher nie gesehen hat. Verglichen wird mit dem, was ein, was zwei oder drei Kilometer vom Zentrum entfernt geschah. Manche kamen erst Wochen danach in die Stadt, tranken Wasser, mußten sterben. Andere wurden im Mutterleib bestrahlt, wurden geistig behindert oder mit verkümmerten Gliedern geboren. Ishida war noch jung, als die Geschichte dieser Leiden begann. Er studierte weiter im Süden, hörte von der entsetzlichen Bombe und fuhr gleich nach Hause zu seiner Familie – auch sie war ein Opfer der Bombe. Sein Sohn studierte später ebenfalls Medizin, aber Ishida möchte nicht, daß der auch in Hiroshima arbeitet: »So viele sterben, und wir Ärzte haben keine Macht«, sagte er.

Jedes Jahr ziehen Gewerkschaften, Sozialisten, Kommunisten, die buddhistische Sekte der Sokka Gakkai und Bürgerinitiativen nach Hiroshima, um gegen das Wettrüsten und für Frieden zu demonstrieren.

Doch im Jahre 1978 verkündete der damalige Ministerpräsident Fukuda laut, der Besitz eigener Atomwaffen sei für Japan durchaus mit der Verfassung vereinbar. Die Rechtsextremisten fühlten sich dadurch nur noch mehr ermuntert, mit ihren Stoßtrupps und Panzerwagen mitten unter die Trauergemeinde von Hiroshima zu jagen, auch am Gedenktag, auch mit Lautsprechern in den Hof des Museums, wo jedes Stück von dem unermeßlichen Entsetzen kündet, dessen Wiederholung droht.

Die Lautsprecher gröhlen die alten Parolen von Großjapan. Und sie gröhlen fast jeden Tag weiter in der Regierungshauptstadt Tokio. Auch der Kaiser hat Hiroshima besucht. Das war 1950, und westliche Korrespondenten beschrieben ihn damals als einen kleinen, gebeugten, zerknirschten Mann. Auf eine Rede an diesem Ort warteten sie vergebens. Am Ende hörten sie doch einen Satz, den sie zitieren konnten. Hirohito sprach: »Hier scheint eine ziemliche Zerstörung vorgegangen zu sein.«

Dem hat dann niemand widersprochen.

Erst recht meldeten sich die Männer nicht, die mit dem verlorenen Krieg zunächst das Schlimmste für sich zu fürchten hatten und doch faktisch weder an Macht noch an Vermögen eingebüßt hatten. Erst nur in kleinen Zirkeln, dann in Verbänden, endlich auch reichlich offen äußerten sie ihren Zweifel an der Moral der Sieger, wirkten gegen den Zerfall Japans, wie ihn die Demokratie nur bringen konnte, und setzten sich für die Person ihres Kaisers ein, von dem sie zu wissen glaubten, daß er nur um Japan über seine Niederlage zu bringen, darauf verzichtet habe, weiter Souverän zu sein – Verfassung hin, Verfassung her. Die konnte man immer noch ändern.

Szenen aus dem Nachkriegsjapan

Der Schatten-Shogun, die graue Eminenz aller dieser rechten Wirrköpfe, die über ungeheure Mengen Geld, politischen Einfluß, Verbindungen zur Geschäftswelt und blind ergebener Gefolgsleute verfügten, war 1911 in dem Dorf Motomiya in der Präfektur Fukushima als Sohn einer verarmten Samuraifamilie geboren worden – Yoshio Kodama hatte seine eigene Art, sich aus dieser Armut zu befreien. Noch als Knabe wurde er an Verwandte in Korea gegeben, schlug sich mit Fabrikarbeit durch, wurde mißhandelt und nie geliebt. Diese Erfahrungen füllten ihn mit einem glühenden Haß auf die Banken und Konzerne Japans, die ein derart grausames, dem Westen nachgeahmtes System geschaffen hatten – ein Haß, den er in späteren Jahren wohl ganz und gar verlor. Andrerseits verhinderte sein frühreifer Patriotismus, daß aus ihm ein Jungbolschewik wurde. Denn die Kommunisten empfingen, wie er erfuhr, ihre Befehle aus Moskau. So wurde er Rechtsextremist.

Klubs und Bünde schossen für seinesgleichen ab etwa 1920 nur so aus dem Boden, und Kodama trat einer »Nationalen Gründungsgesellschaft« bei, zusammen mit einem gewissen Bin Akao, der noch jetzt in der Innenstadt Tokios, unweit der Polizeiwache von Yurakucho, vom Dach eines Busses über Lautsprecher seine Großjapan-Parolen in die Menge schreit. Kodama wurde außerhalb Japans bekannter, als er im sogenannten Lockheedskandal Schlagzeilen machte. Im Laufe dieser Affäre wurde Premierminister Tanaka damit belastet, gegen Bestechungsgelder in Höhe von Dollarmillionen eine Entscheidung zu Lockheeds Gunsten herbeigeführt zu haben, als es darum ging, ob die japanische Fluglinie All Nippon Airways deren Tristar oder den Airbus von McDonnell erwerben sollte. Der Mann, der mit einem Beratervertrag von Lockheed das amerikanische Geld unter die Leute brachte, war Kodama. Daß ihm Konzerne wie Politiker ihr Vertrauen schenkten, kam nicht von ungefähr.

Zwar war er in seiner Jugend ein Heißsporn, der auch einmal vor die Limousine des Kaisers sprang und ihm eine Bittschrift überreichen wollte, dann wieder als Mitglied der »Blutliga« versuchte, die elektrische Versorgung Tokios lahmzulegen, um so einen Staatsstreich zu provozieren. Für beides wurde er bestraft; im ersten Fall mit einem Jahr Gefängnis, im zweiten mit fast vier Jahren. Er war also zu jener Zeit nichts als ein radikaler Querulant, ohne jede wirkliche Schulbildung, meist ohne Geld und vorbestraft dazu.

Dennoch machte er seinen Weg mit ziemlicher Eile, als er 1937 freigelassen wurde. Und von da an ist sein Leben an den entscheidenden Stellen in das Dunkel gehüllt, das sich so gern über japanische Figuren der Macht senkt. Wem das zu mystisch klingt, der sei auf zahlreiche Geschichten verwiesen, die, allerdings mit vorgehaltener Hand, unter japanischen Journalisten erzählt werden, die sich erdreisten, eine Geschichte über Kodama zu schreiben. Da passierte es nicht nur, daß die Gangsterwelt einem ein Paar bulliger Schläger ins Haus schickte, sondern auch, daß man ganz plötzlich verstarb, vielleicht durch einen Verkehrsunfall.

Jedenfalls kann keiner erklären, warum der just aus dem Gefängnis gekommene Kodama sich auf ausgedehnte Reisen nach Nordchina, in die Mongolei und in die Mandschurei begab, wer das alles finanzierte und welchem Zweck diese Reisen dienten. Daß dabei später einer seiner Auftraggeber im Auswärtigen Amt in Tokio saß, machte aus Kodama eine Art Regierungsbeamten, und so wurde er ab 1939 auch offiziell in Shanghai geführt, wo er im »Informationsbüro« der Japaner saß. Hauptsächlich arbeitete er fortan als Beschaffer, er organisierte einen wahren Strom von Wolfram, Platin, Gold, Diamanten und anderen Kostbarkeiten aus China nach Japan.

Man erlaubte ihm, dafür eine Firma zu gründen, die als Kodama Kikan einen beachtlichen Ruf erwarb. Kodama durchkämmte auch Südostasien in seiner unermüdlichen Suche nach Kupfer und Kobalt, Radium und Rubinen, Zucker, Jade und Tuch; sein Leben wurde zu einem einzigen Beutezug im Dienste des Kaisers, wobei er auch bereit war, über Leichen zu gehen.

Für ihn arbeiteten hundert Japaner und tausend Chinesen, und nebenbei unterhielt er noch Munitionsfabriken, die mehr als ein Zubrot abwarfen. Außerdem betätigte er sich im großen Stil im Drogenhandel und versorgte im Auftrag seiner Regierung Fabrikarbeiter, Prostituierte und manchmal sogar die Truppen mit Opium und Heroin. Vor allem wurden Chinesen damit bedient, damit sie in ihrer Süchtigkeit zu

Der indische Premierminister Pandit Jawaharla Nehru und seine Tochter Indira Gandhi 1957 bei einem Staatsbesuch in Japan, das 1952 seine Souveränität wiedererlangt hatte

willenlosen Befehlsempfängern wurden. Die Zahl der Opfer dieser Drogenpolitik Japans ging in die Millionen.

Man hätte damit rechnen sollen, daß Japan nach dem Krieg von einem Schurken dieses Ausmaßes abrückte, und sich jeder Politiker schämen würde, ihn nur zu kennen. Doch weit gefehlt. Yoshio Kodama wurde zunächst, allerdings kurz vor der Kapitulation, Kabinettsberater unter dem Prinzen Naruhiko Higashikuni. Allerdings währte dieses glückliche Leben nicht lange, denn noch im Dezember desselben Jahres wurde Kodama mit 27 anderen als Kriegsverbrecher der Klasse A hinter Gitter gebracht.

Andere wurden zu langer Haft verurteilt, sieben gehenkt,

mit General Tojo an der Spitze. Doch Kodama wurde mit sechs anderen wieder in das bürgerliche Leben des neuen Japans entlassen. Einer davon war jener Nobusuke Kishi, der 1957 Premieminister Japans wurde, ein anderer hieß Sasaka- wa, auf den wir noch zu sprechen kommen.

Kodama war nun nicht nur ein freier, sondern auch ein rei- cher Mann. Denn wie er auch immer das geschafft hat – ein großer Teil der in China und in Südostasien zusammenge- rafften Beute blieb in seinem Besitz. Der Zeitung *Yomiuri* gegenüber hat er sich einmal gebrüstet, es seien wohl an die zwei Lastwagen voll mit Platin und Diamanten gewesen.

Einen Teil dieser Reichtümer hatte Kodama in den Gewöl- ben des kaiserlichen Palastes verstaut, und es heißt, er habe erst auf direkte Weisung des Kaisers den Schatz wieder ent- fernt. Es heißt aber auch, ein Teil davon sei geblieben. Jeden- falls konnte es sich Kodama leisten, sich die Politiker seiner Wahl zu kaufen, und er verteilte aus seiner rund 50 Millionen Mark schweren Börse und aus den Bergen von Diamanten und Platin besonders an die Politiker, die sich, in zwei ver- schiedenen konservativen Parteien, nicht auf einen gemein- samen Nenner zu bringen wußten, und damit der linken Gefahr die Tür öffneten.

1955 hatten die Geschenke Kodamas einen solchen Um- fang erreicht, daß sich die Konservativen endlich zur Partei der Liberaldemokraten (LDP) zusammenschlossen, und so regiert sie noch heute. Kodamas Bedingungen aber an die neugegründete LDP war, daß sie schwor, das Kaiserliche System zu erhalten.

Geprägt hatte seinen Sinn, wenn das überhaupt noch nötig war, besonders das heldenmütige Beispiel des stellvertreten- den Stabschefs der Marine, Takijiro Onishi, der als Erfinder der Kamikaze-Flieger galt. *Kamikaze* heißt »göttlicher Wind«; wie der Wind des Kaisers fielen die jungen Piloten, notdürftig ausgebildet und in halben Wracks von Flugmaschinen, vom

Himmel hernieder auf den Feind, wobei sie nicht entfernt soviel Schaden anrichteten, wie manchmal angenommen wird. Meist wurden sie vor Erreichen etwa von amerikanischen Schlachtschiffen mit Bordkanonen vom Himmel geholt. Von ihrem Fanatismus verblendet oder unter Drogen gesetzt, haben die meisten von ihnen angeblich nicht begriffen, zu welch nutzlosem Selbstmord sie losgeschickt wurden.

Der Kamikaze-Vater Onishi beging bei Ende des Krieges Selbstmord – aber mit dem Samuraischwert, das er sich in den Magen stieß, wobei er seine Gedärme, den Sitz der Seele, hervorholte und in die Hand nahm. Kodama durfte Augenzeuge dieses Heldentums sein und behauptete später, er habe den dringenden Wunsch gehabt, es Onishi gleichzutun, doch habe es dieser ihm ausgeredet.

Kodama wollte auch die rechtsextremistischen Splittergruppen bündeln und schuf daher eine Vereinigung, die zwar 120 000 Mitglieder umfaßte, aber dennoch im politischen Leben nur eine Hintergrundrolle spielte.

Ebenso betätigte er sich in der Unterwelt Japans, wo er eine Reihe von Syndikaten zusammenfaßte. Er internationalisierte das Gangsterwesen Japans, indem er eine Brücke zu koreanischen Verbrechern schlug, vor allem zum dortigen Boss Machii, auch als Ceong Geon Yeong geführt, der 1973 mit seinen Leuten die Entführung des Oppositionspolitikers Kim dae Jung aus Japan bewerkstelligte – Kim ist inzwischen Führer der Opposition in der Nationalversammlung in Seoul.

Vor dem amerikanischen Senat sagte 1976 der stellvertretende Außenminister Roger Hillsman als Beauftragter für den Fernen Osten aus, der Geheimdienst CIA habe bestimmte politische Parteien in Japan finanziert. In diesem Zusammenhang wird, ohne daß dies bewiesen werden konnte, Kodama als Agent der CIA bezeichnet. Erst in seinen letzten Lebensjahren, infolge eines Gehirnschlags, verlor Kodama erheblich an Macht. Aber noch heute wird sein Name unter

Rechten wie Ganoven noch immer mit großer Ehrfurcht genannt. Kodama starb 1984.

Sein Erbe übernahm gewissermaßen Ryoichi Sasakawa, den heute jeder japanische Fernsehzuschauer kennt. In zahlreichen Werbespots sieht man ihn als älteren, freundlichen Herrn mit grauem Haar, dessen gütiges Lächeln nicht ahnen läßt, was dahinter steckt, wenn er eine alte Frau hilfsbereit (seine geliebte Mutter, wenn auch von einer Schauspielerin dargestellt) über unwegsames Gelände trägt oder an hungernde Afrikanerkinder Almosen austeilt. Anschließend sieht man dann jedoch Rennboote über tiefblaue japanische Seen rasen; denn Sasakawa hat das Monopol auf alle Rennwetten dieser Art – nur eine seiner Methoden, steinreich geworden zu sein.

Sasakawa hatte mit Kodama gemeinsam schon 1931 den Chauvinistenverband *Kokusui Taishuto* gegründet und sich anschließend gleichfalls vor allem in der Mandschurei schadlos gehalten. Allerdings schwieg er dann, anders als Kodama, darüber, wie reich ihn dieser Krieg gemacht hatte.

Am 4. Juli 1987 meldeten die internationalen Nachrichtenagenturen, im weißen Haus in Washington sei ein prominenter Japaner zu Gast, der Menschenfreund Sasakawa. Dieser kam in der Tat nicht mit leeren Händen und spendete eine Million Dollar für den Kampf gegen die Volksseuche AIDS. Dieses Geld durfte er der Schauspielerin Elisabeth Taylor in die Hand drücken und anschließend zwanzig Minuten lang mit Präsident Ronald Reagan plaudern, wobei die Herren nicht nur die unheilvolle Krankheit, sondern auch bedenkliche politische Entwicklungen auf dem Globus besprachen.

Seine Verdienste, wie etwa die Gründung des Nationalen Fliegerbundes, hatten ihm einen Sitz im Reichstag beschafft, aber auch ein Verfahren gegen ihn als Kriegsverbrecher der Klasse A, aus dem er aber bekanntlich straffrei bervorging. Geschadet hat es ihm indes nicht, daß die Alliierten ihm den Prozeß machten, denn im Gefängnis lernte er noch mehr einflußreiche Leute kennen, die später allesamt Karriere machten. Zusammen mit seinen guten Verbindungen zur Unterwelt ermöglichte ihm das eine schnelle Karriere, sowie die nötigen Finanzen, mit denen er etwa den Verein der Kriegsversehrten begründete oder die Sasakawa-Gedächtnisstiftung für Gesundheit, zu deren Eröffnungsfeier auch ein Bruder des Kaisers erschien, ins Leben rief. In hoffentlich totaler Verkennung der Realität versucht der auf die 90 zugehende Sasakawa jetzt, den Friedensnobelpreis zu erlangen. Nebenbei darf man sich auch über die Nachlässigkeit der Archive wundern, die im Weißen Haus bei der Einladung von Gästen zu Rate gezogen werden; es sei denn, man unterstellt, daß in Amerika eine Million Dollar alle Bedenken zerstreuen kann.

Sasakawa, der von sich gern ein Foto verbreitet, das ihn in der vollen Montur einer Samurairüstung zeigt, bestätigt sich als Finanzgeber der allerrechtesten Politiker, besitzt eine Reihe von Lokalzeitungen, in denen er die Stimmung verbreitet, die dem Gründer der Internationalen Allianz für den Sieg über den Kommunismus wohl ansteht, und will sein Haupt vor keinem beugen außer vor dem Kaiser, den er wie nichts und niemand verehrt. Daß sich der Kaiserliche Haushalt von solchen Anhängern je distanziert hätte, wurde nicht bekannt.

Wenn bei solchen Figuren der japanischen Nachkriegsgeschichte immer wieder von Gangstern die Rede ist, so darf man sich darunter keine Verbrechervereinigung vorstellen, die ihr finsteres Handwerk nur beschränkt, mit gebotener Scheu und aus reiner Gier nach materiellen Werten betreibt. Japans *Yakuza* haben vielmehr ein unübersehbares soziales Prestige, weil sie patriotische Werte und alte Traditionen verkörpern und auf keinen Fall unpolitisch sind. Diese Gangster genießen, wenn sie nicht allzu sehr über die Stränge schlagen, eine Art Naturschutz und verfügen über anständige Adressen, Büros, Telefonanschluß und Visitenkarten. Trotz ihrer

Oben: Kaiser Hirohito und Kaiserin Nagako bei einem Spaziergang in der Nähe der kaiserlichen Villa im Bezirk Tochigi ... und vor den Toren des neuen Herrscherpalastes Omote-Gozasho in Tokio (rechts)

maßgeschnittenen Anzüge, ihrer weißen, vorzugsweise aus Deutschland importierten Luxusautos und ihrem Sinn für ein feines, französisches Menü am Abend empfinden sich die

Yakuza, jedenfalls in den oberen Rängen, als Abkömmlinge der japanischen Ritter und pflegen die Mythen und Sitten der Samurai. Sie sind rund 300 Jahre älter als Amerikas und Siziliens Mafia und halten sich solchem Mob für überlegen, wenn ihre Geschäftskontakte auch bis Chikago reichen.

Ein Grund dafür ist auch, daß sie sich für ein Bollwerk gegen alle Linksumtriebe halten, und nichts auf die Nation kommen lassen, unter der sie ein gehorsames Volk und einen strahlenden Kaiser in der Mitte des Reiches verstehen. Die Polizei schätzt die Zahl der Yakuza auf rund 100 000, doch diese Schätzung beruht auf erkennungsdienstlicher Behandlungen, und da die große Mehrheit nie in die Mühlen des Gesetzes gerät, wird sie auch nicht gezählt. Experten taxieren die wahre Zahl japanischer Mafiosi auf eine Million.

Die straff organisierten, patriotisch gesonnenen Verbrecherbanden haben seit einiger Zeit unliebsame Konkurrenz von Ganoven bekommen, die nur noch daran denken, Geld zu machen, statt bildschöner Tätowierungen im alten Stil sich allenfalls den Namen ihres Liebchens in die Haut ritzen lassen und nicht daran denken, sich zum Zeichen der Treue und Unterwerfung vor ihrem Chef ein oder zwei Finger abzuhacken. Solche *Gurentai*, Strolche ohne Stil und Standesbewußtsein, haben gelegentlich den Respekt vor den Männern im gestreiften Anzug etwas gemindert, doch Bilder wie jene, die zum Beispiel an einem trüben Märztag des Jahres 1980 im vornehmen Stadtteil Shirogane zu sehen waren, versöhnen dann wieder.

Dort gibt es das artig mit einem Teich, der von Enten und fetten Goldkarpfen bevölkert wird, und kleinen Zier- und Teegärten geschmückte Gelände der Festhalle Happo-en, wo üblicherweise junge Paare über Lautsprecher aufgerufen werden und im Schnellverfahren getraut (falls erwünscht, auch in einer hinter Hecken versteckten christlichen Kapelle, was das Tragen der aus Hollywood bekannten weißen Brautkleider gestattet). An diesem Tag jedoch war alles von einem dichten Polizeikordon abgeriegelt – zu wessen Schutz, wurde niemals klar.

Hier versammelten sich feierlich die Mitglieder der fernöstlichen Familie der Seki-guchi, der drittgrößten japanischen Gangstervereinigung. Der Anlaß war kein geringerer Anlaß, als ihren alten Boss feierlich zu verabschieden und ihr neues Oberhaupt, den 61 Jahre alten Tanaka, in sein Amt zu geleiten. Selbst der Park von Happo-en, sonst ein beliebter Spazierplatz für Müßiggänger in der Mittagspause, wurde geschlossen, als die Verbrecher in sechs Meter langen Limousinen vorfuhren, dazu außer Chauffeuren noch Diener und trippelnde Geishas im Gefolge, die später das Fest mit Musik und ein bißchen Tanz verschönern sollten. Es machte ihnen wenig aus, daß die Polizei, um ihr Gesicht zu wahren und den Medien etwas Stoff zu liefern, sie sorgsam filzte – zumal sie ihre Waffen natürlich zu Hause gelassen hatten. Die Polizei kümmerte sich dafür nicht im geringsten um die dicken, braunen Umschläge, die sie unter den Mohairmänteln entdeckte; das waren Geldgeschenke für den alten und für den neuen Oyabun, die Bosse.

Über Happo-en kreisten derweil die Hubschrauber der Stadtpolizei von Tokio, was den Yakuza wie Schmeichelmusik ins Ohr drang, und in sechs großen, grauen Bereitschaftswagen lauerten Gesetzeshüter darauf, zupacken zu können; es blieb jedoch beim Lauern. Um die Show abzurunden, erwischte man auch noch einen kleinen Übeltäter, der vergessen hatte, sein Messer ins Handschuhfach zu legen – die Kollegen lachten gar herzlich darüber. Durch das geschwungene Tor Happo-ens traten auch einige Herren in altjapanischer Kleidung, die damit deutlich machen wollten, wie sehr sie im Geist des wahren Nippon lebten. Aus 17 Präfekturen des Landes waren sie gekommen und alle oberen Ränge waren vertreten.

Nach der Amtseinführung wurde ein üppiges Bankett abgehalten, und unter dem großen Bild des Kaisers sang man einträchtig die bekannten Lieder von der Tapferkeit vor dem Feind. Der aber steht für die Yakuza immer links. Weshalb denn auch schon Premierminister Eisaku Sato zum Schutz des Besuchers Eisenhower aus dem fernen Washington 18 000 Bandenmitglieder anheuern ließ, die den langen Weg vom Flughafen Haneda bis zum Palast mit finsterer Miene säumten, damit kein Demonstrant frech wurde. Wie auch gewisse Konzerne mit Hilfe von Yakuza gegen aufmüpfige Gewerkschaften vorgehen, die vergessen, daß sie vor allem dazu da sind, ihre Pflicht am Fließband zu erfüllen.

Was der Abgeordnete der Regierungspartei Kiyoshi Mori im Jahre 1962 über den Kaiser sagte, gilt, könnte man meinen, verständlicherweise auch den Yakuza als idealer Lebenszweck. Mori meinte: »Der Kaiser ist auch heute noch *Arahotogami*, ein menschlicher Gott. Nur die Japaner können dieses geistige Konzept verstehen. Die Japaner müssen des Kaisers Subjekte bleiben und sollen ihm zu Füßen Fallen.«

In dem Maße, wie sich, motiviert durch solche Politiker, die Medien und im Hintergrund auch manch ein Yakuza, das Volk an die alte Form des Kaisertums wieder gewöhnte, die aber offiziell bis heute nicht wiederhergestellt wurde, ließ sich Hirohito in der Öffentlichkeit weniger sehen. Seine Besuche auf dem Lande, in den Kohlebergwerken oder bei anderen Arbeitern hörten allmählich auf. Er war nie ein Volksmonarch gewesen und wurde auch keiner. Vor seiner Reise nach Amerika gab er am 2. November 1975 seine erste Fernsehpressekonferenz, auf der prompt die Frage nach seiner Verantwortung für den Krieg fiel. Mit seinem bekannten, nervösen Gesichtszucken verweigerte er darauf die Antwort.

Wenig später besuchte der Kaiser unter Protesten der Opposition und befremdeten Kommentaren wenigstens einiger Gazetten der Yasukuni-Schrein in Tokio, in dem die

Der damalige deutsche Bundeskanzler Konrad Adenauer wird am 26. März 1960
von Kaiser Hirohito mit dem Orden der aufgehenden Sonne ausgezeichnet.

Seelen der in den Kriegen Japans Gefallenen ruhen. Der Yasukuni-Schrein ist eines der fünf Heiligtümer der Shintoreli-
gion und trägt das Zeichen der kaiserlichen Chrysantheme.
Ob Hirohito damit die Verfassung verletzte, die die Trennung
von Staat und Religion verlangt, wie das die Opposition
behauptete, ist fraglich. Denn immerhin bleibt der Kaiser das
Oberhaupt des Shinto.

Es kann aber vermutet werden, daß Hirohito das Signal für
einen politischen Skandal gab, der am 21. April 1979 aus-
brach. Denn als sich an diesem Tag der regierende Premierminister Ohira gleichfalls zu diesem Schrein begab, hatte
sich dort etwas verändert. Der Yasukunischrein hatte auch

die Asche der sieben Hauptkriegsverbrecher aufgenommen, von denen schon die Rede war, darunter die des Generals Tojo, den man den »Hitler Asiens« genannt hatte. Die sieben waren zunächst in den Luftkurort Atami gebracht worden, der daraufhin zu einem Wallfahrtsort der politischen Rechten wurde.

Kurz vor Ohiras Besuch stellte sich aber heraus, daß es sie dort nicht mehr gab, vielmehr hatten sie die Shintopriester im Oktober 1978 heimlich nach Tokio geschafft. Daß der Yasukunischrein mit seinen angeblich 2,3 Millionen Seelen toter Krieger schon immer ein Hort des japanischen Nationalismus war, machte die Sache noch verfänglicher und, daß zudem Tojo und seine Kumpane in den Zustand der Göttlichkeit versetzt wurden, bedeutete für viele Zeitgenossen den Skandal.

Besonders die in Tokio vertretene Auslandspresse überschlug sich in bitteren Kommentaren; Anfragen erzielten bezeichnende Antworten. Ein Sprecher der Regierungspartei weigerte sich, mehr als eine Frage anzunehmen, wollte die Bezeichnung Kriegsverbrecher auf keinen Fall gelten lassen und behauptete, die Toten hätten damals nur den historischen Umständen entsprechend gehandelt. Der Oberpriester des Schreins rundete den Vorgang schlicht mit dem Satz ab, der Zweite Weltkrieg sei schließlich ein Heiliger Krieg gewesen. Der Vorsitzende des Kriegsopfer-Verbandes glaubte, die Toten hätten der Nation einen großen Dienst erwiesen.

Es stellte sich auch heraus, daß die Bestattung später in Tokio auf den Vorschlag Shigeo Naganos hin unternommen wurde, der als Präsident der Japanischen Industrie- und Handelskammer amtierte. So war auch die Wirtschaft des Landes würdig bei dem Versuch vertreten, dem Geist von damals wieder Atem einzublasen.

General Tojo, den Premierminister Ohira nun zu ehren sich anschickte, hatte am 23. Dezember 1948 die dreizehn

Stufen zum Galgen bestiegen und vorher noch ein Abschiedsgedicht geschrieben, das so beginnt:

»Auch wenn ich jetzt scheide, werde ich doch zurückkehren...«

Er war kein Wahrsager, er kannte lediglich seine Japaner.

Vier Tage nach diesem ehrwürdigen Akt der Vergangenheitsbewältigung auf japanisch zogen schon wieder Demonstranten durch die Straßen Tokios und schlugen zum Teil dabei das Kreuzzeichen, was sie von vornherein als unglaubwürdige Christen abstempelte. Im Parlament lagen sich Regierung und Opposition mal wieder in den Haaren, und die Zeitungen orakelten düster über die Zukunft des Landes mit Überschriften wie: »Zurück zur Kaiserzeit?«

Der Grund für die Aufregung war, daß die Liberaldemokraten unter ihrem (christlichen) Premier Ohira die alte, kaiserliche Kalenderzählung wieder einführen wollten, genannt Gengo. Zwar gab es noch viele Leute, die meinten, mit dem »strahlenden Frieden« in der Regierungszeit Hirohitos sei es nicht weit her gewesen, und man hätte ihm den Prozeß machen und ihn aufknüpfen sollen wie andere auch, doch bei der Mehrheit, und die Regierungspartei verfügte bei Wahlen darüber, schien sich der Wunsch nach Ruhe, Ehre und Tradition breitzumachen.

Die japanischen Behörden hatten einen Beschluß des Parlaments gar nicht erst abgewartet und längst wieder damit begonnen, in der Manier des Kaisers zu zählen, also nach den Jahren, die er im Amt war. So schrieb man also Showa 54 statt 1979, und wer in Japan einreiste, erhielt eben zwei Stempel, einen für die Christen, und den anderen für den Tenno. Im Parlament wurde die Frage laut, ob man fortan amtlich gezwungen werden könne, Showa zu schreiben. Eine diesbezügliche Antwort der Regierung verdient es, notiert zu werden: Solche Bürger werde man eben bitten, sich kaiserlich zu verhalten. Würden sie sich jedoch immer noch weigern, dann müsse der Beamte von sich aus das fragliche Datum ändern.

Der Liberaldemokrat Nakasone, der später sechs Jahre lang Regierungschef war, wurde in diesem Zusammenhang überdeutlich und monierte, überhaupt sei die Verfassung eine von den Amerikanern aufgezwungene, künstliche Schnittblume, und die wahre Demokratie müsse im Nationalismus erblühen. Rechts wurde wieder Trumpf.

Der Kritiker an dieser Entwicklung, vor allem die Ausländer, wurden von der Regierung keiner Antwort gewürdigt, zumal der Versuch fehlschlug, das Ausland einzubinden. Denn als im August 1979 das ganze Kabinett zum Yasukuni-Schrein pilgerte, ergingen an alle diplomatischen Vertretungen in Tokio Einladungen, sich an diesem Weihegang für General Tojo, den General Yamashita (»Tiger von Malaya«) oder den Kommandeur, der Kriegsgefangene auf die berüchtigten Todesmärsche schickte, huldvoll zu beteiligen. Außer einem Diplomaten Chiles und dem Militärattachee der Italiener, der alten Achsenmacht, kam aber keiner.

Etwa von dieser Zeit an datiert eine Debatte, die während der Todeskrankheit des Tenno besonders intensiv geführt wurde. Im Schulunterricht wurde immer öfter die kaiserliche Hymne gesungen, und wenn sich die Lehrergewerkschaft sperrte, wurden einzelnen Pädagogen daheim die Fensterscheiben eingeworfen, und vor ihrem Kongreß sah man mehr Rechtsradikale als je zuvor. Ein Lehrer, der es für unvereinbar mit der Verfassung hielt, diese Hymne singen zu lassen, wurde gefeuert: Berufsverbot. Allerdings hieß es danach auch, dieser renitente Mensch habe außerdem noch Bluejeans getragen.

Ein Reisender kann in Japan solche Tendenzen wohl kaum bemerken, und gewöhnlich kehrt der Berufspolitiker von seiner Reise nach Tokio beeindruckt nach Hause zurück und lobt seine Gastgeber wegen ihres menschlichen und demo-

kratischen Stils. Auch äußerlich wirkt Japan geradezu ein-
schläfernd friedlich. Aus den Computern strömen täglich die
neuesten Erfolgsmeldungen im Kampf um die Exportmärkte
der Welt. Der extrem massierte Pendelverkehr in den Großstädten kann zwar beängstigen, ist aber vor allem eine Probe
für Fleiß und Disziplin. In den Nachrichten kann die Spitzen-
meldung die Regenzeit sein, die feucht-schwül vom südlichen Kyushu auf Tokio vorrückt, oder das sich ins Bunte
färbende Herbstlaub der Berge. Wenn die Sonne sinkt, zün-
geln in den Vergnügungsvierteln grelle Lichtreklamen auf,
Japaner strömen in Bierhallen, Kinos und Discos, als sei's in
Manhattan.

Verwunderlich erscheint allenfalls, wenn die Straße abge-

Beim Staatsbankett anläßlich des Besuches von König Hussein und Königin Alia
von Jordanien (1976)

sperrt wird, in der die Botschaft der Sowjetunion liegt, und aus dem Echoschlund der häßlichen Stelzenstraße, die Tokios Stadtbild überall runiniert, grelle Marschmusik schmettert. Wenn dann eine Kolonne von Lautsprecherwagen auftaucht, wenn Horden von jungen Männern mit Knüppeln aufs Blech schlagen. Ihr Angriff gilt den »Untermenschen«, den Bestien aus dem Reich des Bösen, den Russen. Die Wildheit ist vorgetäuscht, es ist ein Ritual, das sich vielfach wiederholt, aber dennoch ist es eine gefährliche Maske.

Weniger fällt dem Reisenden auf, wenn Chauffeure leise schwarze Luxuskarrossen auf dem Kies hinterm Yasukuni-Schrein parken und die Tür dienstfertig aufreißen, damit eine kleine, unbelehrbare Gruppe von älteren Herren aussteigt und von Priestern unter knietiefen Verbeugungen begrüßt wird. Rasch ziehen die Mitglieder der Regierung und Abgeordnete ins Innere, murmeln dort ihre Gebete, gehen wieder zurück zu ihren Regierungsautos, vorbei an den verehrten Ausstellungsstücken, dem Selbstmordflugzeug, den schlechtgemalten Ölbildern, auf denen amerikanische Kriegsschiffe in Flammen lodern, vorbei an der Flagge mit der aufsteigenden Sonne von damals und den originalen Blutflecken darauf. Ihr Besuch war sozusagen privat – das Kabinett kommt zwar geschlossen, aber privat und demzufolge mögen die Kritiker in Korea, Singapur oder Peking bitte schön schweigen. Das war alles nicht offiziell. Die Nachrichtenagentur der Volksrepublik China, Hisnhua, hatte nämlich vorher über den Tenno verbreitet: »Hirohito ist der Henker Nummer eins, dessen Hände mit dem Blut der Völker in Japan und Asien befleckt sind.« Solch harte Töne verstummten zwar später, da die diplomatischen Beziehungen vor allem Handel und damit Erwerb überlegener Technologie bedeuteten, die man nach Mao dringend brauchte. Aber wenn der Yasukuni-Besuch japanischer Politiker einer Ehrenrettung von Kriegsverbrechern gleichkam, Japans Politiker versuchten, die Geschichte zu revidieren oder Nippons Schulbücher glätteten, dann wurde Peking doch wieder hart.

So auch im Frühjahr 1988, dessen Herbst von der schweren Krankheit des Tenno bestimmt war. Da posaunte Minister Okuno seine – und eine verbreitete – Auffassung heraus, der Krieg mit China habe nur durch einen Zufall begonnen, und Japan habe dadurch geholfen, Asien vom Joch des Weißen Mannes zu befreien. Die Tageszeitung *Asahi*, Speerspitze aller liberalen Gedanken, reagierte sogleich und kommentierte: »Solange wir uns weigern, historische Tatsachen ernsthaft und korrekt zu würdigen, können wir keine Hoffnung haben, in der Weltgemeinde Freunde zu gewinnen.«

War nun der Rücktritt Okunos fällig? Niemand in der Regierungspartei wollte so weit gehen. Man nannte das eine »unglückliche Bemerkung«, starrte düster auf die Schlagzeilen der Auslandspresse, mochte sich nicht entschließen und mußte es dann doch. 41 Abgeordnete unterschrieben, was Okuno meinte: Japan ist unschuldig, Schluß mit der ewigen Debatte der Kriegsschuldfrage, es lebe der nationale Stolz! Okuno mußte dann doch seinen Hut nehmen, nicht anders als Erziehungsminister Fushio ein Jahr zuvor, weil er behauptet hatte, die Koreaner seien selbst schuld gewesen, daß Japan ihr Land besetzt hatte. Herr Okuno hält weiter Reden vor Parteifreunden, fast ist er ein nationaler Held geworden.

Der Öffentlichkeit wurde dabei kaum klar, worum es ging. Irgendwie hatten die bösen Ausländer wieder einmal Druck auf das arme Japan ausgeübt, oder? Die jahrzehntelange brutale Fremdherrschaft über Korea wurde nicht erörtert, und viele Japaner verstehen ohnehin nicht mehr, was sich damals abspielte. Im Fernsehen gab es eine Diskussion zwischen jungen Koreanern und Japanern. Es nahmen vor allem Studenten teil. Ein junger Japaner, der alles gern vergessen hätte und für Frieden plädierte, ging im Hohngelächter der Gegenseite unter, weil er die einfachsten Fakten nicht kannte. Woher auch? Schulbücher in Nippon hatten ihm nichts beigebracht.

Sind das nun alles Ausrutscher, Pannen, vereinzelte Peinlichkeiten? Oder steckt ein System dahinter, offenbart sich eine Tendenz zu noch Ärgerem? Premierminister Nakasone gab sein Amt 1987 an Takeshita weiter, noch ein Jahr später forderte er eine andere Verfassung. Regierungschef Tanaka hatte bereits 1972 seine Gastgeber in Peking verprellt, als er beteuerte: »Japan hatte nicht die Absicht zur Aggression.« 1987 sagte der Abgeordnete Kamai dem koreanischen Botschafter in Tokio: »Wenn sich Korea weiter in unsere inneren Angelegenheiten mischt, können wir in zehn Jahren wieder Krieg haben.« Nakasone assistierte aus dem Hintergrund: »Der Kriegsverbrecherprozeß war doch die Strafe der Sieger für die Verlierer.« Tendenz also schon. Aber System? Wäre es denn System, wie der »Nationale Rat zur Verteidigung Japans« Landkarten verteilt, die belegen sollen, wie damals im Fernen Osten die Weißen alles im Griff hatten? Und wenn im Vorstand dieses keinesfalls obskuren Rates der frühere Botschafter Japans in Washington, Kase, und der frühere Hohepriester des kaiserlichen Mejischreins, Soejima, sitzen? Hirohito selbst hat nichts getan, um solche Rückfälle zu ermuntern. Oder nichts, von dem man wüßte. Er hat aber auch nie wiedersprochen, auch nicht, als der Zentrale Erziehungsrat schon 1965 vorschrieb: »Patriotismus und Kaiserverehrung sind identisch, da der Kaiser das Symbol der Nation ist.«

»Die ehrwürdige Person hinter dem Schloßgraben«

Dafür ging Hirohito, nicht anders als vor dem Kriege, seinen Pflichten und einem geregelten Tagwerk nach. Zwar gab es für ihn keine Militärparaden mehr, die er hoch zu Roß verfolgte. Doch er eröffnete weiter aus seiner mit Purpur ausgeschlagenen Loge die Parlamentsperiode mit einer kurzen

Der Tenno setzt traditionsgemäß die ersten Reispflanzen im kaiserlichen Park von Tokio ein

Proklamation, schlüpfte einmal im Jahr in Gummistiefel, pflanzte im kaiserlichen Garten symbolisch Reis an und ging das herbstliche Erntedankfest im Iseschrein. Wenn er hinter kugelsicherem Glas an seinem Geburtstag und zu Beginn des neuen Jahres das Volk für einige Minuten begrüßte, verstärkte ein Mikrofon seine Stimme und ließ ihn souveräner und auch gesünder erscheinen, als er wirklich war. Man sah ihn nicht, wenn er am 1. Januar sein Gebet in alle vier Winde richtete, am 30. Juni die Reinigungsformeln sprach und die bösen Geister vertrieb und am 23. November für den guten Ablauf des Jahres danksagte – Rituale des Shinto, von denen die meisten nur mündlich überliefert werden.

Ohoribata, die »ehrwürdige Person hinter dem Schloßgraben«, lebt eindrucksvoll zurückgezogen. Nur selten wird er noch direkt mit der Vergangenheit konfrontiert, so als im September 1984 der Präsident der Republik Südkorea, Chun Doo Hwan, Japan besuchte und jedermann rätselte, ob Hirohito nicht doch eine Formel zur Aussöhnung parat haben müsse. Da sprach der Tenno: »In einer Periode dieses Jahrhunderts gab es zwischen beiden Ländern eine unglückliche Vergangenheit, die ich sehr bedaure. Ich hoffe, solches wird sich nicht wiederholen.« Nicht einmal zu einer förmlichen Entschuldigung habe der Kaiser sich durchringen können, notierte damals der Korrespondent Hermann Vinke in der *Zeit:* »Selten gibt die Geschichte eine zweite Chance. Der Tenno hat sie bekommen und nicht genutzt.« Die staatliche Rundfunkgesellschaft NHK hatte 1973 eine Umfrage veranstaltet, um herauszufinden, worauf die Japaner stolz seien. Die Antworten nannten in der Reihenfolge 1. den wirtschaftlichen Fortschritt, 2. die japanische Industrie, 3. das Kaisertum und 4. die Naturschönheiten des Landes.

Dennoch ist die prominenteste Person des Landes zugleich die unbekannteste. Hirohito ist der Name, den der Tenno unter amtliche Dokumente setzt, aber kein Japaner gebraucht diesen Namen. Man spricht von ihm als »Seiner Majestät« oder dem »Gegenwärtigen Herrscher« *(tenno heika).* Dem Vernehmen nach nennt ihn die Kaserin *omikami,* was man ironisch als »Göttchen« übersetzen könnte, aber wohl ernsthafter gemeint ist.

Die amtliche Legende hat einige wichtige Dialoge aus Hirohitos politischer Vergangenheit zur Verfügung, die dem Gutwilligen Raum zu der Annahme geben, der Tenno habe doch einige Skrupel gehabt. Um das Menschliche an diesem Mann zu erkennen, reicht das so wenig wie die stete Mitteilung über seine meeresbiologischen Studien. Es ist nicht allein der Chrysanthemenvorhang, der die wahre Figur allenfalls ahnen läßt und das meiste verdeckt.

Das Entsetzen, das viele Japaner befiel, als sie ihren Kaiser auf seiner Amerikareise ungemein profan erlebten, weil sich die Gastgeber spontan nur auf einen älteren Herren eingestellt hatten, mit dem man einen Krieg geführt und einen Frieden geschlossen hatte, verriet, daß auch der Kaiser als Person von seiner Nation abgeschirmt wird. Vielleicht hat Hirohito die Mickey-Mouse-Uhr, die ihm da zum Präsent gemacht wurde, mit ähnlicher Inbrunst aufbewahrt wie die Fahrkarte der Pariser Untergrundbahn. Und vielleicht sprach der Kaiserneffe nicht nur für sich, als er seinen Landsleuten riet, sie sollten doch »aufhören, vor ihrem Kaiserhof als eine Ansammlung übernatürlicher Marsmenschen in lähmender Ehrfurcht zu erstarren«. Allerdings fragten sich manche Zeitungen wohl auch zu Recht, warum der Kaiser es nur in Amerika fertigbringe, zu lachen.

Mit mehr gesundem Sinn für Intimität haben Japaner sich mit der Familie des Tenno und mit dem Adel befaßt.

Die japanische Aristokratie hatte vor dem Ersten Weltkrieg fünf Ränge: Prinzen, Fürsten, Grafen, Viscomtes und Barone. Um die Jahrhundertwende rühmten sich 440 000 Familien eines Samurai unter ihren Ahnen, und allein der Clan der Shizoku machten sieben Prozent der Gesamtbevölkerung aus. Es gab 988 Adelsfamilien, darunter 17 Prinzen, 43 Fürsten, 104 Grafen, 395 Viscomtes und 429 Barone. Davon hoben sich unvorteilhaft die *Heimin,* das gewöhnliche Volk ab. Allerdings stand es diesen frei, Geld zu verdienen, was einigen Familien in der heißen Phase der Industrialisierung besonders gut gelang. Namen wie Mitsui, Sumitomo, Yasuda oder Iwasaki gewannen so nicht nur an Glanz, sondern auch an Einfluß auf Wirtschaft und Politik. Jeder dieser Familiennamen steht heute für Riesenkonzerne, die jeweils aus mindestens 30 Einzelunternehmen bestehen und über 200 Tochterfirmen und mehr verfügen. Die amerikanischen Sieger waren 1945 entschlossen, höchst ungnädig mit diesen Leuten umzugehen und ihre Macht zu zerschlagen. Doch die drei roten Diamanten von Mitsubishi und andere japanische Firmenembleme leuchten heute wieder nicht nur rund um die Welt, sondern besonders auch auf amerikanischem Boden.

Dafür wurde dem Adel auf den Pelz gerückt, und die Aristokraten verloren ihre Titel und Lehen. Gleichzeitig wurde es Mode, daß Wirtschaftsbosse sich mit adeligen Damen verheirateten, auch wenn sie einmal klein begonnen hatten, wie der Gründer der Reifenfirma Bridgestone, eine Übersetzung seines japanischen Namens Ishibashi. 1968 schon traten 1700 Vorkriegsadlige zusammen, um ihren Klub neu zu begründen, und es scheint nur eine Frage der Zeit zu sein, bis sie auch offiziell wieder in ihre alten Rechte eintreten. Denn den Respekt der Bevölkerung wie der Politiker haben sie nie verloren.

Ein Blick in die kaiserliche Familie

Bemerkenswert erscheinen den Japaner auch alle Mitglieder der kaiserlichen Familie, vielleicht aus der Hoffnung heraus, so Näheres über ihren undurchdringlichen Tenno in Erfahrung bringen zu können. Da gibt es zunächst zwei Brüder des Kaisers, deren Taten mitunter sogar in die Zeitungen geraten. Der jüngste ist Prinz Mikasa, der sich als Präsident der japanischen Gesellschaft für Orientologie betätigt und eigenmündige Vorlesungen hält. Wegen manch irritierender Abweichungen vom gewohnten hölzernen Pfad der offiziellen Redensarten erhielt er den Beinamen »Roter Prinz«, womit man jedoch der Linken Japans sicher keinen Gefallen tat. Ein anderer der fünf Söhne Taishos und damit theoretisch Anwärter auf den Chrysanthementhron, ist der Prinz Takamatsu, der gleichfalls zu einer gewissen Beliebtheit gelangte, weil er sich als Ehrenpräsident einer Reihe von Vereinigungen um die Künste, den Sport und die Medizin kümmert. Von ihm sagt man, er habe seinen Bruder Hirohito ermahnt, den Zweiten Weltkrieg so früh wie möglich zu beenden. Doch der Kaiserliche Haushalt bestätigt solche Versionen bekanntlich nicht, dementiert sie aber auch nie. Takamatsu hatte 1930 die Enkelin des letzten Shogun, des Feldherrn Yoshinobu Tokugawa, geheiratet, was den Bogen der Geschichte auf dieser gesellschaftlichen Etage schloß.

Takamatsu hat nach dem Krieg mehrfach die Freiheit der Meinung und Rede als das wichtigste Element für die neuen Demokratie gefordert und zudem kritisch angemerkt, der Status der Frauen müsse verbessert werden. Der Prinz wagte es sogar, öffentlich seine Überlegung zu äußern, ob nicht Mitglieder des Kaiserhauses einen Beruf ausüben sollten, wenn sie kein Amt hätten. Allerdings sagte er nie, an welche Berufe er dabei dachte, nur, daß sie ehrenwert sein müßten. Als Erbe des Tennos war schon lange Kronprinz Akihito bestimmt worden, und auf ihn konzentriert sich die Aufmerksamkeit der Öffentlichkeit am stärksten, besonders, nachdem er die Bürgerliche Michiko als seine Gattin erwählte.

Mit einer gewissen Erleichterung blicken die Japaner auf den Thronfolger und damit auf die Möglichkeit, vor der Welt wieder mit einem Kaiser glänzen zu können, dem keiner nachsagen kann, er habe entweder Befehle erteilt, die zum Unglück Japans führten, oder sich doch dem Krieg seiner Militärs und Politiker nicht widersetzt, oder beides zusammen. Außerdem scheint die Vorstellung denkbar, daß Japan mit Akihito einen zeitgemäßen Tenno erhält, der nicht vornehmlich hinter dem Chrysanthemenvorhang heiligen, aber undurchsichtigen Ritualen huldigt, sondern vielleicht etwas mehr Kontakt zu seinem Volk hält, das entschlossen ist, auch ihm seine Liebe und Verehrung anzutragen.

Während sein Vater in diesem Herbst 1988 mit dem Tode rang, erörterte die Presse zaghaft solch strahlende Möglichkeiten, erinnerte sich aber zugleich, daß der Prinz bis jetzt nicht alle Hoffnungen wahrgemacht hatte, besonders die eine nicht, die sich an seine Heirat mit Michiko Shoda knüpfte. Diese 1959 geknüpfte Verbindung hatte die Fantasie der Japaner in einer Zeit entfacht, in der auch Japan, begleitet von einem Wirtschaftsboom, demokratische Gedanken Wellen schlugen. Denn Michiko ist eine Bürgerliche, die Tochter des reichen Shoda, des größten Getreidemühlen-besitzers in Fernost und Präsidenten des Unternehmerverbandes. Natürlich hatte der Hof damals ganz andere Vorstellungen über die soziale Herkunft der künftigen Kaiserin entwickelt, doch als Prinz Akihito in einem Gebirgsort hinter dem Fuji der klugen und charmanten Michiko im gemischten Tennisdoppel gegenüberstand, schmolz sein Herz, und er begann eine Werbung, die zwar bei Michiko, nicht so sehr aber bei ihrer Familie auf fruchtbaren Boden fiel. Den Japanern wurde in einem nicht bekannten Ausmaß und vor allem mit Hilfe des Fernsehens jeder Winkelzug dieser Liebeskampagne nahegebracht, und natürlich schlugen sich die meisten auf die Seite dieser unerhörten Beziehung.

Akihito hatte im Volksmund den Beinamen des »unglücklichen Prinzen«, weil er so lange Zeit darauf warten mußte, auf den Thron zu gelangen und 1988 immerhin 54 Jahre lang im Schatten seines Vaters gestanden hatte. Er ist am 23. Dezember 1933 geboren, in eben dem Jahr, in dem in Deutschland Hitler an die Macht kam und Japan aus dem Völkerbund austrat, um sich den Rücken für seine Aggressionen gegen China und andere Länder freizumachen. Geboren und erzogen in der abgesonderten Welt des Palastes, in dem es aus jeder Ecke vom Sendungsbewußtsein Nippons wisperte, war es auch für den jungen Prinzen ein Schock, als 1945 diese Welt zusammenbrach und sein Vater mit einer Demütigung leben mußte, wie sie kein japanischer Kaiser zuvor erlitten hatte. Akihito war das fünfte Kind und der erste Sohn Hirohitos, seine Geburt war überall in Japan mit dem Getute von Sire-

Das junge Paar, Prinzregent Hirohito und seine Frau, Prinzessin Nagako, mit ihrem ersten Kind: am 20. Juni 1926 wurde Prinzessin Teru geboren

nen und den Böllerschüssen von Kanonen begrüßt worden –
1945 schien nicht mehr gesichert, daß er auf dem Gipfel solchen Ruhms bleiben konnte. Wie man jedoch sieht, ist dem
Kaisertum im Prinzip kein Abbruch getan worden, es sei
denn, man glaubt daran, die in der Verfassung festgehaltene
Unterscheidung von Souverän und Symbol sei auch in die
Wirklichkeit Japans eingegangen oder werde für immer beibehalten.

Die Erziehung verlief nach ähnlich strengen und un-
menschlichen Bedingungen wie bei seinem Vater. Im Alter
von nur drei Jahren wurde er von seinen Eltern getrennt und
von einer Handvoll ausgesuchten Erzieher auf sein späteres
Leben vorbereitet – Kinderpsychologen können sich nur
schaudernd abwenden. Der Prinz stand unablässig unter der
Aufsicht seiner Bewacher, sogar in der Schule saß neben ihm
jemand, der seine Antworten an die Lehrer mit ihm abstimmte.

Infolge der politischen Erschütterung um ihn herum hat
Akihito einem Klassenkameraden damals versichert, er
dächte nicht daran, ein »lebender Gott« zu werden und vor
allem würde er niemals seine Unterschrift für einen Krieg
geben. In einem Aufsatz, so heißt es, habe er aber auch den
etwas ängstlichen Satz formuliert: »Ich werde den schwersten
Beruf haben, ich werde Tenno sein.«

Als Akihito seine Absicht kundtat, Michiko in den Palast
einzubringen, sagte er: »Wir sind immer von den Bürgern iso-
liert gewesen. Meine Vorstellung ist, daß die kaiserliche Familie Japans sich den Bürgern mehr öffnen sollte.«

Solch nahezu aufrührerische Gedanken im Kopf des
Kronprinzen sind vor allem auf zwei seiner Erzieher zurückzuführen: Auf die Amerikanerin Elizabeth Vining, die ihm
vier Jahre lang Englisch beibrachte, und auf den Japaner
Shinzo Koizumi, der an der privaten Keio-Universität in
Tokio lehrte. Beide stellten sich für Akihito eher ein Leben
vor, wie es etwa Prinz Charles von England führte. Dankbar

ergriff Akihito die Gelegenheit zu reiten, Ski zu fahren und Tennis zu spielen, wobei er einmal, wenn auch im Doppel, den späteren Präsidenten der USA, George Herbert Walker Bush, zu schlagen wußte. Noch in seiner Ansprache zu seinem 54. Geburtstag im Dezember 1987 votierte Akihito für die Freiheit der Meinung und für einen Typus von Kaiser, der zwar dem Staat vorsteht, jedoch keine politische Macht besitzt.

Diese Haltung hat immer wieder Hoffnung genährt, daß ein Kaiser Akihito in den Palast etwas mehr Neuzeit einlassen könnte. Auch als er die Erziehung seiner drei Kinder, der Prinzen Naruhito und Fumihito wie der Prinzessin Sayako, in ganz normalen Schulen und Universitäten zuließ, wurde das als ein Zeichen kaiserlicher Demokratisierung gedeutet. Es gab aber auch ganz andere Signale.

Schon bei der sich anbahnenden Beziehung mit Michiko hatte der Kaiserliche Haushalt seine Macht und Tradition geltend gemacht. Als die Beziehung nicht verhindert werden konnte, wurde nach Brauch reicher Familien in Japan ein Schnüffler engagiert; die Privatdetektivin Midoro Sato wurde damit beauftragt, alles über das Privatleben jenes Fräuleins Shoda herauszufinden. Stärker wurden die Klammern angezogen, als Michiko erst einmal im Palast eingezogen war. Zwar gelang es ihr gemeinsam mit Akihito, die ersten Hindernisse aus dem Weg zu räumen und zumindest die Erziehung ihrer noch kleinen Kinder selbst zu übernehmen. An dem Versuch, die Palastfenster etwas zu öffnen und ein wenig den Geist des britischen Königshauses zu adaptieren, mußte sie aber scheitern. Das Hofprotokoll ließ sich durch solche Einfälle einer bürgerlichen Tochter nicht erschüttern, und die Spuren der täglichen Beengtheit zeigten sich alsbald auf dem früher so unbefangenen Gesicht Michikos – sie wirkte, so wußte man in ganz Japan, doch ziemlich unglücklich, wenn nicht abgehärmt, und schuld daran müsse auch Akihito sein, dem man nun menschliche Kälte nachsagte. Daran änderten wohl auch die vielen Reisen nichts, die das Paar gemeinsam in so entfernte Länder wie Jugoslawien, Nepal, Jordanien, Bangladesh und Brasilien unternahm. Wobei daran zu erinnern ist, daß Vater Hirohito der erste Kaiser Japans war, der überhaupt sein Land je verlassen hatte.

DIE LETZTEN JAHRE

Der Herbst 1988, das Krankenlager des Tenno und seine politischen Implikationen, Gerüchte, Spekulationen, Trauer und Erwartung – noch bevor sich Akihito bereitmachen konnte, der 125. Herrscher einer Dynastie zu werden, die nicht übertragen werden kann und sich rühmt, die älteste der Welt zu sein, noch bevor Akihito selbst auch nur ein einziges Wort sagen konnte, war er schon Objekt für die linke Opposition, die Presse und rechte Hoffnungsträger eines erneuerten, ursprünglichen, wieder einzigartigen Nippon. Die meisten westlichen Beobachter konnten schon nicht begreifen, mit welcher Ausdauer und Aufmerksamkeit der Palast umlagert wurde, in dem der Ende November nur noch 35 Kilogramm wiegende Hirohito um sein Leben kämpft.

Der kranke Kaiser – Reaktionen aus dem In- und Ausland

Nach den ersten zwei Monaten seiner Krankheit wagte es die staatliche Rundfunkanstalt NHK, zum ersten Mal über die Kosten zu sprechen, die ihr infolge medialer Krankenwache entstanden waren. Es zeigte sich, daß die NHK rund um die Uhr zehn bis zwanzig Reporter- und Übertragungswagen in der Nähe des Palastes installiert hatte, um jederzeit für den Ernstfall gerüstet zu sein. Die tägliche Personenzahl der dort anwesenden Journalisten, Kameraleute und Ingenieure belief sich auf 150. Die Kosten dafür kamen auf rund zehn Millionen Yen am Tag, also auf mehr als zehn Millionen Mark seit dem 19. September, der als offizieller Beginn des kaiserlichen Leidens genannt wird.

Die Gesamtkosten der Präsenz aller anderen Fernsehgesellschaften, Rundfunkstationen und Zeitungen ist schwer zu schätzen, sicher dagegen dürfte sein, daß sie alle ungeheu-

re Verluste dafür einsteckten, wenige Male am Tag nur die dürftigen, vom Kaiserlichen Haushalt herausgegebenen Fakten der Ärzte des Tenno zu übermitteln. Alle sieben Palasttore wie auch der Palast des Kronprinzen in Akasaka verlangten eine strikte Überwachung, so daß hunderte von parkenden Autos, oft mit schlafenden oder Comichefte studierenden Fahrern jedem Passanten den Ernst der Lage signalisierten. In Dutzenden von Zelten warteten Tag und Nacht Reporter und Fotografen, die nicht immer von der heiligen Notwendigkeit ihres Tuns durchdrungen waren, dafür aber anfangs von dem unaufhörlich fallenden Regen, später von der Kälte der ersten, vorwinterlichen Nächte. Ein Fotograf der Zeitung *Mainichi* beschwerte sich zaghaft: »Ich habe nichts zu tun, als ein Bild vom Kronprinzen zu machen, wenn er morgens hier eintrifft, und das ist auch nicht jeden Tag der Fall. All diese Fotos sehen sich grauenhaft ähnlich, und sie werden auch nicht immer abgedruckt. Ich kann Ihnen nur sagen, das ist ziemlich langweilig.« Ein Kollege von *Asahi*, an einem anderen Tor postiert, rechnete sich aus, die Wahrscheinlichkeit, daß der Kronprinz ausgerechnet hier passiere, sei weniger als ein Prozent, und tatsächlich habe er in Wochen und Wochen Akihito überhaupt noch nicht zu Gesicht bekommen. Andererseits war er überzeugt davon, eine wichtige Rolle zu spielen, auch wenn sein Wartestand vielleicht vielen als Verschwendung von Geld und Zeit erscheinen möchte: »Tatsächlich nehme ich Teil an einem historischen Wandel. Wenn alles vorüber ist, werde ich mich an diese Tage noch erinnern, und sie werden in meinem Berufsleben nie verblassen.« Ein NHK-Sprecher faßte es so zusammen: »Wieviel das alles auch kostet, wir müssen es tun, denn das ist die bedeutendste Geschichte für das japanische Volk. Die Menschen kümmern sich mehr um die Gesundheit des Tennos als um die Olympischen Spiele oder die Präsidentschaftswahlen in den USA.«
In diese verhaltene und ehrerbietige Stimmung schlugen

die Kommentare von zwei britischen Boulevardblättern wie eine Stinkbombe ein und entfesselten einen wahren Sturm der Empörung, der am Ende sogar den Club der Auslandskorrespondenten erreichte. *The Sun* schrieb: »Die Hölle wartet auf diesen wahrlich bösen Kaiser« und begründete diese finstere und Japan beleidigende Prophetie mit Sätzen wie: »Als 1941 Japans militärische Führung ihren verbrecherischen und verräterischen Krieg gegen den Westen ausheckte, hätte sie Hirohito mit einem Wink seiner Hand daran hindern können. Damals war er in den Augen seiner Landsleute ein Gott.« Und weiter im Text: »Seine barbarischen Soldaten vergewaltigten und ermordeten Millionen schutzloser Chinesen. Er tat aber NICHTS. Kriegsgefangene der Alliierten sind geprügelt, gefoltert und zu Hunderttausenden zu Tode gehungert worden; er tat NICHTS ... Noch heute übt er Macht auf sein abergläubisches Volk aus, das er zum Ruin und zum atomaren Massentod geführt hat.« Dazu wurde ein Foto Hirohitos gedruckt, das ihn zeigt, wie er hoch zu Roß eine Militärparade abnimmt.

Der *Daily Star* bezeichnete Hirohito als »ein bösartiges Monster«, bei dessen Tod nur Trauer darüber herrschen könne, daß er noch so lange habe leben dürfen und nie für seine Kriegsverbrechen gebüßt habe; in der Hölle sei schon ein Platz für ihn bereitet.

In Tokio lebende Briten fürchteten sogleich Anschläge von rechtsradikalen Gruppen, weshalb die britische Botschaft verstärkten Polizeischutz erhielt. Michio Watanabe, einer der Chefdenker der Regierungspartei LDP, wies zunächst darauf hin, daß der Internationale Militärgerichtshof der Alliierten den Kaiser keiner Kriegsverbrechen für schuldig befunden hatte – was in der Tat zutrifft, denn die Amerikaner hatten Hirohito nicht vor Gericht gestellt.

Watanabe hatte sodann Schritte vorbereiten lassen, um die Korrespondenten von *The Sun* und *Daily Star* auszuweisen,

Papst Johannes Paul II. macht 1981 in Japan, der letzten Etappe seiner Asienreise, Station und stattet Kaiser Hirohito einen Besuch im kaiserlichen Palast ab

was aber daran scheiterte, daß die Blätter in Tokio überhaupt keine Korrespondenten unterhielten und zu ihrem Verdikt auch ohne eine Vertretung auf japanischem Boden gelangt waren. Watanabe äußerte daraufhin wutentbrannt, er verstünde ja das Prinzip der freien Presse, doch gäbe es gewisse Grenzen, wenn es um die Berichterstattung über manche Dinge ginge.

Das wieder hielt der Club der Auslandskorrespondenten, der ohnehin glaubt, ein bißchen mehr Bewegungsfreiheit in Japan könne der Berichterstattung nur guttun, für eine Warnung an seine Adresse. Sein Präsident Andrew Horvat gab es dem erzürnten Watanabe schriftlich, das Prinzip der freien Presse sei exakt dies, daß sie frei sei, und es könnten nicht »für bestimmte Dinge Grenzen gezogen werden«. Dieser Vorgang trug sicherlich nicht dazu bei, das ohnehin gespannte Verhältnis der Presse zu manchen Politikern Japans zu verbessern.

Verständlicherweise bemühten sich andere in Tokio ansässige Briten, denen die Handelsbeziehungen zu Japan sehr am Herzen liegen, die Wogen zu glätten, indem sie heftige Kritik an ihren anrüchigen Presseorganen übten. Bemerkenswert war auch die Reaktion des Abgeordneten Takashi Haegawa, der außerdem als Präsident für *Zenkoku Izoko Kai*, einer Kriegsveteranenorganisation von 1,5 Millionen Mitgliedern, amtiert: »Es ist traurig, daß sie unseren Kaiser mißverstehen. Nach dem Krieg reiste der Kaiser durchs Land, um seine Landsleute moralisch aufzubauen. Wie kann ein solcher Herrscher böse sein? Die britischen Zeitungen verstehen überhaupt nicht, wie sehr das japanische Volk seinen Kaiser liebt. Im Yasukunischrein gibt es die Seelen von 2,5 Millionen toten Kriegern. Würde der Kaiser zur Hölle fahren, müßten das auch all diese Seelen tun. Wir, die Familien der Hinterbliebenen, können diesen Gedanken nicht ertragen.«

Dem hielten wieder britische Veteranen die Zahl von

12 433 beim Bau der Eisenbahn zwischen Burma und Thailand elend verstorbenen britischen Kriegsgefangenen entgegen. Und wäre der Rest der Weltpresse nicht einigermaßen höflich geblieben, hätte Japan den Vorfall nicht auf den Ausbruch von nur zwei Massenblättern reduzieren und endlich beilegen können.

Die japanischen Gazetten hielten sich in dieser Debatte jedoch sehr zurück und gingen nirgendwo auf die Vorwürfe ein, die, wenn auch etwas kraß formuliert, so grundlos auch wieder nicht sind. Darüber beschwerten sich viele Leser, weshalb hier auszugsweise ein Brief des Koreaners Yumi Lee abgedruckt werden soll:

»Weiß das japanische Publikum denn wirklich nicht, welche Rolle er (der Tenno) im Krieg spielte? Oder wird es auf beschämende Weise durch seine Autoritäten manipuliert, und durch seine einseitigen Medien? Ganz sicher gibt es derzeit ein Klima, seinen Militarismus während dieses Aggressionskrieges zu rechtfertigen und seinen Imperialismus zu verklären. Die ganze Welt weiß doch, wie oft die japanischen Schulbücher gezinkt werden. Unzweifelhaft müssen wir lernen, die Vergangenheit mit unparteiischen Augen zu betrachten. Es gehört sich, den japanischen Imperialismus in Frage zu stellen, der schon ab 1927 zur Aggression führte. Bis zur Kapitulation 1945 haben Japans Streitkräfte unter dem Befehl des Kaisers sich solcher Aggression in ganz Asien schuldig gemacht und etwa 20 Millionen Menschenleben ausgelöscht. Dennoch ist der Tenno weder für diesen Krieg verantwortlich gemacht worden, noch kam er als Kriegsverbrecher vor Gericht. Weit entfernt davon liegt er nun friedlich darnieder umgeben von den warmen Gebeten seiner Nation.

Wir, die Koreaner in Japan, erhalten keine Art von Entschädigung. Schlimmer noch sind wir der entwürdigenden Praxis ausgesetzt, unsere Fingerabdrücke geben zu müssen, wir zahlen Steuern, haben aber keine politischen Rechte. Zu den realen Opfern dieses japanischen Imperialismus gehören die 40 000 Koreaner, die auf Sachalin zurückblieben, und die 23 000 koreanischen Atombombenopfer, die weder eine ordentliche Behandlung noch irgendeine Entschädigung durch die Regierung erhielten.«

Auch solche Beschwerden gingen die japanischen Journalisten wohlweislich nicht ein, dafür passierte im Blätterwald des Landes am 26. September eine außerordentliche Peinlichkeit. Die Tageszeitung *Mainichi* veröffentlichte auf ihrer zweiten Seite einen Leitartikel, der unter der Überschrift »Eine Nation in Trauer« den Tod des Tenno schon vorwegnahm.

»Das Ableben Seiner Majestät des Kaisers hat die Nation in tiefe Trauer gestürzt«, hieß es darin. »Voll tiefer Rührung entbieten wir Seiner Majestät dem Kaiser unseren Abschiedsgruß: Eure Majestät, Sie waren unser Kaiser in einer turbulenten Zeit.« Erinnert wurde daran, wie Hirohito in der schweren Nachkriegszeit das folgende Gedicht verfaßt habe:

»Unter dem schweren Schneefall
verändern die Fichten nie ihre Farbe.
Mögen die Menschen damit wetteifern.«

Wenig bekannt gewesen sei anfangs die Tatsache, daß der Kaiser nicht nur zur Abdankung bereit war, sondern auch, sich zu opfern und die volle Verantwortung für den Krieg zu übernehmen. Und zitiert wurde der Schriftsteller und Neofaschist Yukio Mishima, der sich beklagt habe: »Warum nur ist mein Herr menschlich geworden?« Nicht erinnert wurde, wie sich dieser Mishima 1970, enttäuscht über die Entwicklung seines Landes zu einem demokratischen Industriestaat, im Beisein seiner paramilitärischen Garden, den Bauch aufschlitzte. *Mainichi* gab den Ton an, den die Medien insgesamt sangen.

Aber das half den unglücklichen Redakteuren, die diesen

Nachruf vor dem Tode brachten, nichts. Alle Abonnenten des Blattes wurden über Telefon gebeten, ja keinen Gebrauch von dieser Ausgabe (der englischsprachigen) zu machen, sondern eine revidierte Fassung abzuwarten. Und am nächsten Tag erreichte die Leser ein Brief der Zeitung, worin mit schwarzem Trauerrand zu lesen stand:

»Ergebenste Entschuldigungen.

Ein extrem ernsthafter Fehler wurde in der Ausgabe von *Mainichi* vom 26. September gemacht, ein Fehler, der uns mit großer Reue erfüllt, und wir bieten unsere ergebensten Entschuldigungen an.«

Die Zeitung *Mainichi* hat noch am selben Tag den Direktor Tadao Koike seines Titels als Chefredakteur entkleidet und Ken Kondo, den Generalmanager und Herausgeber der *Mainichi*, wegen dieses Fehlers entlassen. Was die beiden Übeltäter angestellt hatten, wurde mit keiner Silbe erwähnt, was ja auch einer Wiederholung des Sakrilegs gleichgekommen wäre.

Am 3. Oktober machte sich unerwartet die Zeitung für die amerikanischen Streitkräfte in Japan, *Stars und Stripes*, eines anderen Fauxpas' schuldig, der ebenfalls viel Wirbel auslöste. Die amerikanischen Militärs sahen sich nicht nur mit der Notwendigkeit konfrontiert, für den Fall einer Staatstrauer umfangreiche Vorbereitungen zu treffen, weil dann Banken, Geschäfte, Flughäfen geschlossen sein könnten und nicht zuletzt das eigene Benehmen einer Korrektur unterliegen könnte: »Amerikanische Familien, die nicht auf Militärgelände wohnen, müssen erfahren, warum sie nicht öffentlich Bier trinken sollen, ihre Stereogeräte nicht aufdrehen dürfen und sich auf die Trauerphase wie auf einen anderen japanischen Feiertag einstellen müssen«, schrieb das Blatt hemdsärmelig arglos, und weiter: »Die Terminverschiebung für ein auf dem Luftwaffenstützpunkt Yokota vorgesehenes

Festival gehört zu den Dingen, auf die sich die militärische Führung in Japan aus Respekt für die schwindende Gesundheit des Kaisers und seinen bevorstehenden Tod einstellt« – da war das Wort »Tod« gefallen, ein in diesem Zusammenhang ungeheurer Frevel.

Einigen Japanern wurde das Klima allmählich zu stickig. Daß reihenweise die beliebten Herbstfestivitäten ausfielen und die Medien nur noch Weihrauch gebrauchten, forderte manch ärgerliche Proteste heraus. Die Japanische Gewerkschaft der Pressearbeiter wie der Japanische Kongreß für die Massenmedien und Kulturarbeiter mit je etwa 100 000 Mitgliedern kritisierten, die Berichterstattung über den Tenno habe jedes normale Maß verlassen, sogar die Übertragung der Olympischen Spiele aus Seoul leide darunter: »Wir halten dafür, daß die exzessive Berichterstattung über nur einen einzigen Menschen die Zeitungen dazu bringen kann, ihren ursprünglichen Auftrag aus den Augen zu verlieren, der darin besteht, die Demokratie zu erhalten.«

Die Gewerkschaften gaben auch ihrer Befürchtung Ausdruck, daß sich eine Tendenz für die Wiederherstellung des Kaiserlichen Systems zeige, wie es vor dem Zweiten Weltkrieg bestanden habe.

Immer noch tabu: Tod und Thronnachfolge?

Nie seit Ende des Zweiten Weltkriegs und vielleicht nie in der japanischen Geschichte wurde so laut und offen über die Rolle des Tenno im Staatswesen und seine persönliche Verantwortung für Politik diskutiert. Diese Diskussion, die im September 1988 begann, konnte nicht zu einem einheitlichen Beschluß der Nation führen, sondern lediglich Einblicke in ihre verschiedenen Denkweisen geben. Und den in Japan lebenden Ausländern vermochte niemand so recht klarzumachen, was der Tenno wirklich bedeutet.

Für die Korrespondenten in Tokio gibt es die Einrichtung

des *Foreign Press Center,* das als eine Brücke zwischen In- und Ausland, zwischen Japan und der Welt gedacht ist und insgesamt eine hilfreiche Institution ist, die Kontakte und Arbeit erleichtert. Es war dieses Pressezentrum, das sich eine Art Nachhilfeunterricht in Sachen Kaiser einfallen ließ und dazu Professoren einlud. Die Journalisten kamen denkbar und erwartungsvoll, sie gingen dankbar und waren um nichts schlauer. Denn, wie sogar die halbstaatliche Nachrichtenagentur *Kyodo* vermeldete, war Professor Masakazu Yamakazi aus Osaka gewillt, über den poetischen Beitrag der Kaiserlichen Familie zur japanischen Gesellschaft zu sprechen, während die Journalisten Antworten zu der Verantwortung des Tenno für den Krieg und allenfalls eine Klärung seiner religiösen Funktion wünschten. Der Herr Professor sah sich in die Enge getrieben, hatte mit so viel Unverstand nicht gerechnet und meinte dann, den Begriff Kriegsverbrecher hätten die Siegermächte nach Ende des Zweiten Weltkriegs zum ersten Mal entwickelt: »Der Kriegsgerichtshof in Tokio, der sich mit sogenannten Kriegsverbrechen befaßte, hat nichts gegen den Kaiser unternommen. Das ist meine Antwort.«

Der Historiker Naboru Kojima bedauerte, daß der Eindruck einer Remilitarisierung Japans entstehen könnte: »Ich glaube, die Beziehung zwischen dem japanischen Volk und dem Kaiser wird ziemlich mißverstanden«. Kojima ist Autor einer fünfbändigen Geschichte des Tenno Hirohito und einiger Bücher über den Krieg. Er sagte auch: »Das kaiserliche System ist Ausdruck japanischer Weisheit. Auch wenn die politische Macht sich ändert, wollen wir eine Basis für dauerhafte Kontinuität.« Der Frage, ob der Kaiser den Krieg durch sein Machtwort hätte verhindern können, wich der Gelehrte aus. Der Fernsehkommentator Hoshino wußte seinen ausländischen Kollegen zu berichten, der Tenno sei sehr traurig über alles, was geschehen sei. Belegen konnte er diesen Eindruck nicht. Auch wer den Krieg angefangen hatte, war ihm nicht klar: »Da muß man einmal die Geschichtsforschung der Zukunft abwarten.« Ihm assistierte dann wieder Herr Yamazaki aus Osaka mit der Behauptung, die Bedeutung des Kaisers vor dem Krieg sei auch nicht größer gewesen als heute.

Dagegen wußten die Korrespondenten mit dem japanischen Gast mehr anzufangen, den sie sich in ihren eigenen Club luden: Hideaki Kase, ein bekannter Autor und Kritiker, der ungeniert über den baldigen Tod des Tenno sprach, der seiner Aussicht nach Japan von seiner nationalen Scham befreien werde. Daß Akihito eine neue Kaiserära einleite, könne Japan endlich eine Neuschreibung seiner Verfassung ermöglichen, und damit auch seinen Streitkräften das Recht verleihen, außerhalb Japan tätig zu werden.

Seine Hörer hielten den Atem an, doch der Verfasser einer Reihe von Büchern über das Kaiserhaus ließ sich nicht bremsen und fügte hinzu, daß die sicherheitspolitischen Bande mit den Vereinigten Staaten auf jeden Fall weiter eng geschlungen bleiben sollten. Was aber Japan nicht daran hindern sollte, endlich in den Besitz eigener Atomwaffen zu gelangen.

Für Kase ist Hirohito »der letzte Priesterkönig auf Erden«, und er sieht nur einen Schönheitsfehler am Kaisertum, den man leicht ausbügeln könnte: Der Kaiser sollte wieder wie früher seinen Sitz in Kyoto nehmen. »Ich glaube fest daran, daß die Mehrheit unseres Volkes den Kaiser für heilig und göttlich hält, nicht im christlichen Sinne des Wortes, sondern auf Shintoart.« Zu dieser Mehrheit scheint Kase selbst zu gehören, denn eine Schuld sieht er nirgendwo auf dem Haupt Hirohitos lasten: »Die sogenannte Schuld am Krieg sollte mit den Amerikanern und Briten geteilt werden. Die moderne japanische Geschichte ist eine Reaktion auf die christliche Bedrohung, die uns auferlegt war, und die unsere politische, wirtschaftliche und kulturelle Unabhängigkeit in Gefahr brachte. Japan hat eine gerechten Krieg geführt.«

Kase vertrat damit zwar die Meinung vieler, aber keineswegs aller Japaner. Nie in der Geschichte Japans wurde so viel Kritik am System hörbar wie in diesen Monaten. Das allgemeine Schweigen über die Rolle des Kaisers im Krieg wurde von Bürgerorganisationen, Schriftstellern, Gelehrten und Künstlern verurteilt. »Wir können den sozialen Druck nicht hinnehmen, der von der Regierung und den Medien ausgeübt wird, einen Druck, der von den Bürgern Japans die Verpflichtung abfordert, über den kritischen Zustand des Kaisers zu lamentieren«. Das stand in einer Resolution, die der Geschichtsprofessor Irokawa, der Schriftsteller Makoto Oda, der Verfassungsexperte Hoshino und andere unterzeichnet haben.

In Isaka kritisierte der frühere Chefredakteur der halbstaatlichen Nachrichtenagentur *Kyodo,* Toshio Hara, vor 500 Rechtsanwälten und Wissenschaftlern: »Seit der Kaiser ernsthaft krank geworden ist, scheint sich ein strenges Klima zu verbreiten, das freie Debatten über die politische Rolle des Tenno behindert. Das wird zu einem ernsten Problem für die Meinungsfreiheit.«

In der Innenstadt Tokios demonstrierten Bürger, als ruchbar wurde, der Tenno solle bei seinem Tod mit allen Weihen des Shinto beigesetzt werden: »Solche religiösen Zeremonien sind gegen die Verfassung.« Bei dieser Demonstration sagte einer der Teilnehmer: »Man muß draußen den Eindruck gewinnen, daß Japan ein imperialistisches Land ist und keine Demokratie. Die Japaner kümmern sich um die Krankheit des Kaisers nicht entfernt so, wie das die Medien und Politiker weismachen wollen«.

Notorische Kaiserkritiker waren schon immer Japans Kommunisten. In der Stadtversammlung von Tokio stand ein Kommunist auf und wagte es, den Gouverneur Suzuki öffentlich dafür zu rügen, daß sich dieser in die Liste derer eingeschrieben hatte, die dem Tenno baldige Genesung wünschten. Die Stadtverordneten stimmten über diesen Querulanten ab und verurteilten ihn als unpatriotisch, aber ähnliche Vorfälle wiederholten sich in vier anderen Präfekturen. Der Vorstand der Kommunistischen Partei forderte außerdem, mit dieser Krankheit und einem Wechsel im Palast sei endlich die Zeit gekommen, das Vermögen der Kaiserlichen Familie näher zu untersuchen. Gegen KP-Büros flogen daraufhin Steine und Feuerbomben. In diesen Tagen wurde auch ein »Informationszentrum betreffend die erwartete Nachfolge des Kaisers« von der *United Church of Christ,* der größten protestantischen Kirche des Landes, gegründet, obwohl die Christen nicht einmal ein Prozent der Bevölkerung Japans darstellen. Das Zentrum wurde daher vor allem zum Kontaktplatz der verschiedenen antikaiserlichen Gruppen, deren Zahl auf rund fünfzig geschätzt wird.

Schweres Geschütz fuhren auch zwei Professoren auf, die sich, ohne Hoffnung auf Widerhall im eigenen Lande, in einem Leserbrief an die *New York Times* wandten. Jiro Amaguchi aus Hokaido und Naoko Sadai mit einem Lehrauftrag in Amerika taten sich zu folgender Anklage zusammen:

»Sehr oft wird die Aufmerksamkeit auf Hirohitos Entscheidung gelenkt, die Bedingungen der Potsdamer Beschlüsse anzunehmen und sich den Alliierten ohne Bedingungen zu ergeben. Dennoch geht aus den dokumentierten Berichten seiner Umgebung und anderen veröffentlichten Quellen deutlich hervor, daß Kaiser Hirohito die Aktivitäten des militärischen Abenteuertums seit 1930 positiv unterstützt hat. Es ist außerdem mit der Logik nicht vereinbar, daß er den Krieg beenden konnte, doch nicht imstande gewesen sein soll, seinen Anfang zu verhindern. Tatsächlich hat Japan den Krieg gegen Amerika und Großbritannien im Namen Kaiser Hirohito erklärt. Es ist gefährlich, die persönliche Biographie mit der politischen und offiziellen Verantwortung zu vermengen und so das Problem zu sentimentalisieren.«

Dieser Leserbrief war vermutlich eine Antwort auf Faubion Bowers, der bei Kriegsende als Übersetzer für General McArthur gearbeitet hatte, und der gleichfalls in der *New York Times* eine Rechtfertigung dafür unternommen hatte, daß McArthur gegen eine Strafverfolgung des Kaisers eingetreten war.

Jungen Japanern war diese Auseinandersetzung zum Teil unverständlich und vor allem gleichgültig. Eine junge Verkäuferin meinte, sie habe sich nie um den Tenno gekümmert, bis er krank wurde und die Firma Vorbereitungen für seinen Tod traf: »Das gibt ja ziemliche Unruhe.« Ein Student belustigte sich: »Man kann das nun nicht mehr hören, wie sich die Presseleute, Politiker und Professoren, kurz, dieser ganz Club der alten Herren, darum bemüht, immer neue Ehrenbezeichnungen zu formulieren, um sich diesem Kaiser angenehm zu erweisen. Was ist denn schon so großartig an ihm? Für uns tut er doch nicht das geringste.«

Der Vorsitzende der »Nationalen Föderation der Studentischen Selbstverwaltung«, eine Art japanischer ASTA, Junichi Shirasaki, wurde radikal: »Der Kaiser und sein System sind die Feinde, die wir bewältigen müssen. Es ist ein Verbrecher der Klasse A.« Der Studentenredakteur Saito wieder sagte etwas, was wohl viele Kommilitonen nicht anders empfinden: »Ich kann Ihnen ja sagen, daß mich der Kaiser jetzt nicht sehr bekümmert. Wenn ich aber anfange, für eine Firma zu arbeiten, wenn ich ins Berufsleben eintrete, dann muß ich vortäuschen, daß er mir nahegeht, um meine Stellung zu halten.« Viele junge Leute lassen rasch erkennen, wie wenig sie vom Tenno halten, indem sie von ihm als »tenno chan« reden, was etwa »der Himmelsknabe« bedeutet.

Unter linken Studenten gab es in dieser Phase nicht nur harsche Urteile, sondern auch einige Aktionen. Die Polizei warnte mehrfach vor möglichen Attentaten auf die kaiserliche Familie und sicherte das Gelände um den Palast einschließlich aller U-Bahneingänge. Als Beleg für ihre Attentatsthese konnte die Polizei jedoch nichts als das Verteilen kritischer Flugblätter anführen.

Solche Flugblätter tauchten auch an manchen Shintoschreinen auf und forderten meist eine Abschaffung, des kaiserlichen Systems. Zwei Studenten, die damit erwischt wurden, kamen auf die Polizeiwache und wurden lange Stunden hindurch verhört – ein Verbrechen lag nach geltendem Recht aber nicht vor, und die Polizei entließ die Delinquenten mit dem Vermerk für die Öffentlichkeit, wenigstens einer der beiden Übeltäter sei nicht ganz richtig im Kopf.

Das Parlament umging auch dann noch alle wichtigen Fragen, die mit dem möglichen Ableben Hirohitos zusammenhingen, als am 21. November aus dem Palast die Information kam, Ärzte würden dem Kaiser nur noch rund einen Monat geben. Der Zustand des Patienten sei von immer größerer Schwäche gekennzeichnet, die Bluttransfusionen vermöchten wenig oder nichts gegen den allmählichen Verfall, und der Kaiser wöge nur noch 30 Kilogramm.

Wenngleich es als ein Skandal empfunden wurde, wenn die ausländischen Blätter in ihrer Unbedarftheit die Möglichkeit des kaiserlichen Todes beim Namen nannten, so mußte am 7. November auch die Regierung das Undenkbare, Unaussprechbare in Worte fassen. Der Generaldirektor für Gesetzgebungswerke im Kabinett, Osamu Mimura, wurde so befragt, daß er der Antwort nicht entgehen konnte, und führte dann aus, daß sowohl das Kaiserliche Begräbnis wie die Thronnachfolge und ihre diversen Zeremonien als Angelegenheit des Staates behandelt würden, sollten sie nötig werden.

Wieder hatte ein böser Kommunist das Tabu zerschlagen. Der Fragesteller, Higashinaka, dachte laut an die Zeit, als die Kaiserwerdung Hirohitos vollzogen worden war, und erinnerte daran, daß damals 61 verschiedene Zeremonien statt-

Staatsbesuch in der Bundesrepublik Deutschland: der Kaiser begrüßt den päpst-
lichen Nuntius Corrado Bafile. Neben ihm die Kaiserin, Frau Koschnick, der
damalige Bundesaußenminister Walter Scheel und der japanische Außenminister
Fukuda (1971) ...

gefunden hatten. Zeremonien aber, die von der Staatsreligion Shinto lebten, die doch mittlerweile keine mehr war. Higashi-naka wurde daraufhin deutlich und postulierte, solche Riten seien aufgrund der Nachkriegsverfassung nicht mehr erlaubt, denn nun liege die Souveränität beim Volk, und Religion und Staat seien getrennt.

Dies veranlaßte den Chefsekretär des Kabinetts, Keizo Obuchi, zu antworten, Nachfolge und Begräbnis würden im Einklang mit der Verfassung und den Traditionen des Kaiser-lichen Hauses begangen, und sein Kollege Mimura wollte weiter auch keine Einzelheiten nennen.

Es ging nicht um eine Beckmesserei im Parlament,

sondern, wie man dann sah, um die Frage, wie sehr Japan zu seiner neuen Verfassung oder seiner alten Tradition zu halten gewillt war. Getreu dem Verfassungstext hatte die japanische Regierung dem Ausland immerzu beteuert, der Kaiser sei nicht Souverän, sondern nur noch Symbol. Doch auf einmal griff die Regierung auf eine alte Erklärung ihres früheren Premierministers Tanaka zurück, der wegen der Korruptionsaffäre Lockheed hatte abdanken müssen. Kakuei Tanaka hatte 1973 dem Abgeordnetenhaus gesagt: »Wenn ein Souverän als eine Person definiert wird, die souveräne Gewalt besitzt, dann ist der Kaiser kein Souverän. In den Augen der Ausländer jedoch scheint es so zu sein, daß Japans Souverän nicht der Premierminister, sondern der Kaiser ist. Die Verfassung scheint nicht zu behaupten, daß der Kaiser nicht der Souverän ist.«

Um die Verwirrung noch größer zu machen, bezeugten Abgeordnete der Regierungspartei LDP, sie dächten nicht daran, dem Kaiser die Souveränität zuzumessen, die er aufgrund der Meiji-Verfassung gehabt habe, andererseits sei doch nicht zu leugnen, daß der Tenno Japan in gewissen Dingen verträte. Das Auswärtige Amt wieder teilte den Ausländern, auf die man sich in der Debatte laufend bezog, mit, der Kaiser sei Souverän »unter bestimmten Umständen.«

Die Opposition ließ sich so leicht nicht beschwichtigen. Immerhin ging es darum, wer das sogenannte *Daijosai* bezahlen sollte. Es ist bezeichnend, daß sich fast in der gesamten Japanliteratur nichts darüber findet, auf welche Weise Meiji, Taisho oder Hirohito zu Gottkönigen gemacht worden sind. Im Shinto aber ist ein Kaiser verpflichtet, eine Reihe von Zeremonien durchzugehen, und dazu gehört etwa, daß er allein in einer eigens dafür errichteten Hütte eine Nacht verbringt, in der er sich in eine Frau verwandelt und von den Göttern geschwängert wird. Die daraus erfolgende (Wieder-) Geburt erzeugt den lebenden Gott. Kein Untertan durfte Zeuge die-

160

ses Aktes werden, und da Hirohito noch lebte, wurde auch nicht erklärt, wann und wo und auf welche Weise sich Akihito als Nachfolger auf dem Chrysanthementhron diesem

Ritual unterziehen würde. Aber daß die Sache, angreifbar schon wegen der besagten Trennung von Religion und Staat, zudem extrem teuer werden würde, das hatte die Opposition begriffen.

Die Regierung hatte sich auf eine kurze Erklärung eingelassen, die besagte: »Wenn die Zeit kommt, werden wir früheren Beispielen folgen«. Der Redakteur der Shintozeitung *Jinja Shimpo*, Minoru Inaba, hatte keinen Zweifel daran, daß sich Akihito nicht vom Pferd der heiligen Tradition abdrängen lasse und bezifferte die Kosten dafür auf mindestens 50 Millionen, vielleicht auch 250 Millionen Mark. Diese Rechnung jedoch, so tönte er selbstgewiß, werde von der Regierung übernommen werden. Umfragen unter japanischen Steuerzahlern ergaben, daß auch sie dagegen waren, daß der Staat solche Summen bezahle, daß sie aber keine Einwände erhöben, wenn der Palast selbst für die Rechnung aufkäme. Das von der Opposition vorgetragene Argument von der notwendigen Beibehaltung der Trennung von Staat und Religion machte dabei keinen sonderlichen Eindruck. Viele fanden es nicht unangenehm, wenn Japan seinen Ruf besonderer Heiligkeit neu begründete.

Bei aller Delikatesse, mit der in Japan die Debatte um die Zukunft des kaiserlichen Systems und um die Funktion des Tenno geführt wurde, bei aller Aufgeregtheit, die manchmal linke wie rechte Fronten ergriff, war es schon merkwürdig, wie einhelliges Schweigen herrschte, als der Vorsitzende der Kommunistischen Partei, Kenji Miyamoto, zum Angriff auf Hirohito ausholte. Er stellte klipp und klar fest: »Der Kaiser war der Rädelsführer einer düsteren und barbarischen Politik bis zum Ende des Zweiten Weltkriegs, und er kann seiner Verantwortung für die Aggression nicht entkommen.« Miyamoto fügte zu Recht an, für solche Erklärungen wäre er früher sogleich festgenommen worden, jetzt zeigte man ihn nicht einmal wegen Majestätsbeleidigung an.

Bemerkenswerte Argumente tauchten bei der Diskussion der Frage auf, ob denn die Thronnachfolge einfach so hinzunehmen sei, wie sie verkündet wurde. Der Verfassungsrechtler Yokota verwies auf den Artikel 1 der Verfassung, der festschreibt, daß die Stellung des Kaisers auf den Willen des Volkes zurückzuführen ist, und rührte damit an jene Widersprüche zwischen einer erheblichen Familiendynastie und einer demokratischen Konstitution, zwischen magisch-religiöser Erbmasse und neuer Rationalität, an die sich auch in den Parteien kaum jemand wagt. Die Unklarheiten sind nicht zuletzt den Japanern von der amerikanischen Siegermacht aufgegeben worden, deren Vertreter General McArthur Washington davor warnte, den Kaiser fallenzulassen, weil sonst ein ordnungsgemäßer Besetzerstatus und die Demokratisierung Japans kaum zu gewährleisten seien. Und da in Washington jedermann ahnte, wie schnell und gründlich man Japan in dem sich anbahnenden Kalten Krieg gebrauchen würde, dachte auch dort niemand daran, sich mit solchen Spitzfindigkeiten abzugeben: Der Widerspruch wurde in die Verfassung aufgenommen und die politischen Erben Jefferson und Lincolns akzeptierten den Tenno mühelos.

Ein anderes Argument bezüglich der Thronnachfolge kam von Japans Frauen. Frauen hatten nicht nur in der Geschichte, sondern auch in der kaiserlichen Dynastie immer eine gewisse, wenn auch untergeordnete Rolle gespielt. Auf dem Chrysanthementhron hatten acht Frauen gesessen, die letzte war Kaiserin Gosakuramachi (1762 bis 1771). In Tokio gingen Frauen sogar auf die Straße, um sich gegen die Fortschreibung des kaiserlichen Patriarchats zu wehren. Immerhin geschah es zum ersten Mal, seit Frauen das Wahlrecht hatten, daß sich im Palast eine Wende anbahnte. Der Widerstand von Feministinnen, Rechtsanwältinnen und Politikerinnen richtete sich nicht so sehr darauf, daß Kronprinz Akihito bald Tenno werden sollte, als vielmehr gegen den frauenfeindlichen Stil des Kaiserhauses. Man gedachte der unglücklichen Michiko, die sich mit dem Studium englischer Literatur und mit Cellospielen hinter den Mauern des Familienkäfigs nur mühevoll ein Eigenleben bewahrte, und rügte die männlich-chauvinistische Form des Protokolls, das immer nur Männern den Vorrang ließ ... So sei es, sagten sie dann, ja auch der amerikanischen Präsidentenfrau Nancy Reagan nicht gelungen, bei einem Empfang in Tokio die liebe Michiko vor der Männerbande in den Eßraum zu führen; vielmehr zeigten die Kameras deutlich, wie sich Michiko zaghaft hinter ihrem Gemahl zu verbergen suchte und mit der natürlichen Freiheit der Amerikanerin nichts anzufangen wußte.

Über die Schwierigkeit, ein Buch über Kaiser Hirohito zu schreiben

Für dieses Buch wurde eine Liste von 30 Prominenten Japanern aufgestellt, die einige grundsätzliche und neutrale Fragen über den Tenno und das System des Kaisertums beantworten sollten. Doch sofort begann das in Japan übliche Verwirrspiel, wenn sich Kontakte mit Ausländern abspielen. Die Betroffenen hatten über Wochen plötzlich wichtige Termine, sahen sich daher auch leider nicht imstande, wenigstens eine kurze persönliche Erklärung abzugeben, wollten den Gang der Dinge erst einmal abwarten, ließen sich nur noch über Sekretärinnen sprechen, die just nicht wußten, wo ihr Chef war. Politische Parteien hatten die Anfrage nicht erhalten und antworteten auch bei der zweiten Post nicht, Industriebosse fühlten sich nicht zuständig, Gegner wie Freunde des Kaisers, die vorher Farbe bekannt hatten, hüllten sich auf einmal in Schweigen.

Da Befragungen dieser Art von japanischen Medien auch nicht unternommen werden, stieß das Unternehmen in einigen Fällen nicht nur auf Ablehnung, sonder sogar auf Entsetzen: noch lebe der Kaiser ja, wie könne man dann sich zu diesem Thema äußern? Dennoch kamen einige Antworten zustande, die allerdings nicht mehr den gewünschten Querschnitt liefern, wenn sie auch wohl bezeichnend für Kritik oder Gleichgültigkeit sind.

Sueo Murakoshi, Soziologe, 58 Jahre alt:

»Es war besser, das Kaisersystem zu ändern. Vor dem Krieg war der Tenno Souverän, jetzt ist es das Volk. Für mich persönlich ist der Kaiser ohne Bedeutung. Es gibt ihn nur noch als ein Produkt amerikanischer Strategie, und auch nur darum, weil seine Verantwortung für den Krieg nie untersucht worden ist. Natürlich ist er für den Krieg und gewisse Grausamkeiten verantwortlich. Von der Verfassung her hatte er auch damals das Recht, sich gegen den Krieg zu entscheiden. All die jungen Männer sind im Namen des Kaisers und für den Kaiser gezogen worden und auf dem Schlachtfeld gestorben. Ich bin in China und in Nanking dabeigewesen und habe die Grausamkeiten Japans miterlebt. Mir fallen keine Worte ein, das zu entschuldigen.
Nein, ich glaube nicht, daß die ausländischen Medien zu kritisch mit dem Kaiser umgehen. Sie sind eher ziemlich verhalten und geben damit die Haltung der japanischen Medien wieder, für die der Kaiser und das kaiserliche System ein Tabu sind.
Persönlich brauche ich keinen Kaiser. Wir sollten das ganze System abschaffen. Wie? Wir müssen langsam die Einstellung des japanischen Volkes ändern und dann die Angelegenheit im Parlament erörtern.«

Professor Satoru Konishi, Germanist und Vorsitzender des Bundes der Atombombenopfer, 58 Jahre alt:

»Es scheint, daß sich das Kaisersystem doch gebessert hat. Wenn man aber die Medien hier verfolgt, muß man den

Eindruck gewinnen, daß sie das alte System zurückbringen wollen. Dabei wird der Tenno als Werkzeug für andere Zwecke mißbraucht. Das kann für das Volk nur Nachteile bringen.

Selbstverständlich ist der Tenno für den Krieg und seine Brutalitäten verantwortlich. Wenn das im Ausland gesagt wird, stimmt es auch.

1975 hat sich der Kaiser einmal über die Atombombe geäußert und gemeint, weil es Krieg war, hätte man den Gebrauch von Atombomben gegen Japan nicht verhindern können. Wenn ich danach urteile, denke ich, daß er über sich und seine Rolle nicht nachdenkt und auch den Krieg nicht bereut. Man hätte ihn dafür verantwortlich machen sollen. Und das kaiserliche System sollte man abschaffen.«

Kazuo Suzuki, Buchhändler, 61 Jahre alt:

»An der Oberfläche hat sich alles gebessert. Wenn ich aber lese, wie hier über die Krankheit des Kaisers berichtet wird, denke ich, daß das System noch wie vor dem Krieg funktioniert.

Die kaiserliche Familie ist nichts als eine Familie in Japan. Der Tenno ist verantwortlich für den Krieg, wenn auch nicht für alle seine Grausamkeiten. Es gab auch japanische Familien, die in diesem Krieg ihre geliebten Angehörigen verloren und dafür den Kaiser verfluchten. Es kommt mir daher ganz natürlich vor, daß Ausländer, die durch diesen Krieg viel erlitten haben, den Kaiser hassen.

Für Leute wie mich, die ihre Erziehung vor dem Krieg erhalten haben, war der Kaiser einst die Wurzel all unserer Überzeugungen. Kann ich sagen, ich hätte gar keine Beziehung zu ihm? Ich liebe ihn weder noch hasse ich ihn. Persönlich denke ich, daß der Kaiser jetzt ein alter Mann ist und sehr krank. Wir sollten ihn in Ruhe sterben lassen«.

Und zwei Stimmen der jüngeren Generationen – zunächst Fräulein Nakanishi, 18 Jahre alt:

»Es hat sich geändert, aber ich weiß nicht, ob es besser oder schlechter geworden ist. Ich glaube, wir brauchen den Kaiser nicht einmal als Symbol. Es wäre gut, wenn der Kaiser und seine Familie etwas für das Volk täten. Für mich existiert der Tenno nicht einmal, höchstens als Name. Dabei war Hirohito für den Krieg verantwortlich, und auch für die Grausamkeiten, obgleich ich nicht weiß, wer dazu die Befehle gab. Ich mag ihn nicht, er ist in keiner Weise attraktiv. Vielleicht sind auch die Medien schuld, denn sie berichten nie etwas über die menschliche Seite des Tenno.«

Auch Fräulein A., die gerade ihr juristisches Staatsexamen abgelegt hat, und ihren Namen nicht gedruckt sehen möchte, findet, daß sich viel geändert habe:

»Der Kaiser könnte doch wie die Königin von England sein, für die man in Großbritannien freundliche Gefühle hegt. Aber der Tenno war für den Krieg verantwortlich, wenn auch nicht zu hundert Prozent. Nach dem Krieg befand sich ganz Japan in einem Chaos, und besonders ältere Leute brauchten den Kaiser, um Ordnung in ihre Gefühle zu bringen. Doch jetzt brauchen wir keinen Kaiser mehr. Wir täten besser daran, das ganze System zu beseitigen.«

Es gibt, wie gesagt, keine statistisch gesicherte Meinungsumfrage. Aber wenn man sich im Japan von heute umhört,

Folgende Doppelseite: Ein Blick in das kaiserliche Familienleben: Prinzessin Nori spielt am japanischen Neujahrstag Klavier, um das neue Jahr willkommen zu heißen (von rechts: Prinz Hitachi, Prinzessin Hitachi, Prinz Hiro (Sohn des Kronprinzen Akihito), Kronprinzessin Michiko, Kronprinz Akihito, Prinz Aya (Sohn des Kronprinzen Akihito), Kaiserin Nagako und Kaiser Hirohito, Prinzessin Nori (Tochter des Kronprinzen Akihito)

kann man leicht den Eindruck gewinnen, daß die rhetorischen Spiele der Politiker um die Bedeutung und Zukunft des Tennotums nicht unbedingt der Notwendigkeit entsprechen, der Bevölkerung zu Willen zu sein.

Es gibt auch eine ganze Reihe von Beispielen dafür, daß die Bevölkerung bewußt davon abgehalten wurde, über den Tenno ins Grübeln zu geraten. So sollte etwa der Film *Vorwärts, kaiserliche Truppen! (Yukiyujite Shingun)* in Tokios Kinos anlaufen, doch der Besitzer eines Lichtspieltheaters entschied, es sei nicht opportun, einen solchen Film zu zeigen, während die Nation auf die Gesundung des Tenno hoffe. Der Film erzählt die Geschichte des heute 68 Jahre alten Kenzo Okuzaki, der eine gewisse Berühmtheit dadurch erwarb, daß er beim Neujahrsempfang des Kaisers am 2. Januar 1969 mit einer Schleuder metallene Glücksspielautomatenkugeln auf seinen Herrscher schoß. Diese schreckliche Tat war als das Werk eines geistig Verwirrten abgetan und vergessen worden. Ihr einziges Ergebnis war, daß der Tenno seitdem hinter kugelsicherem Glas wohl verwahrt wurde, wenn er sich dem Volk zeigte. Der Film aber führte einen Okuzaki vor, dem der Krieg noch immer schwer auf der Seele lastete, besonders der Verlust zweier Kameraden, die in Neuguinea den Tod aus japanischer Hand empfangen hatten. Daher machte sich Okuzaki auf, die Vorgesetzten dieser Kriegstoten zu befragen, warum man sie hingerichtet habe; diese verweigerten ihm jedoch jede Antwort. Am Ende bricht Okuzaki in die anklagenden Worte aus: »Niemand hat die Verantwortung für diesen Mord übernommen, besonders nicht der Kaiser.« Im Ausland wurde dieser Film mit mehreren Preisen bedacht, und in Tokio lief er früher einmal vor vollen Häusern.

Ein letzter Beitrag zu dieser nationalen Debatte, die wie nie Tiefen und Untiefen des nationalen Selbstverständnisses auslotete, kam durch die Oktober-Ausgabe 1988 des *Bulletins für*

Atomwissenschaftler zustande, dessen Autor der Japaner Yuki Tanaka war. Seine Vorwürfe lauteten, daß Japan während des Kriegs eine geheime Fabrik für chemische Waffen unterhalten habe, daß es China mit Giftgasgranaten bombardiert habe und Experimente mit Kriegsgefangenen aus China, Polen und der Sowjetunion gemacht worden seien.

Tanaka behauptet, daß die USA nach 1945 genügend Beweise für die Existenz solcher geächteter Waffen wie ihres grausigen Gebrauchs vorgefunden haben, daß aber die amerikanische Regierung alle Informationen darüber unterschlagen habe. Er führt den amerikanischen Offizier Thomas Morrow an, dessen Aufgabe es war, die Kriegsverbrechen Japans zu untersuchen und in zwei Berichten eine Schilderung der besagten illegalen Waffen zu geben. Tanaka: »Morrow jedoch wurde urplötzlich aus Tokio abberufen und das Thema fallengelassen, weil die amerikanische Regierung möglicherweise die Kenntnisse über chemische und biologische Waffen für ihre eigenen Zwecke ausschlachten wollte.«

Die »geheime Fabrik« ist übrigens in Japan nicht ganz so unbekannt. Sie stand auf der Insel Okunoshima in der Inlandsee und produzierte von 1929 bis zum Ende des Krieges eine Reihe von Gasen und Giften, zum Schaden auch der Arbeiter, die dort zwangsweise verpflichtet wurden. Darum ist es verwunderlich, daß die japanische Regierung auf den Bericht Tanakas keine Antwort wußte, sondern einen Sprecher vorschickte, der meinte: »Wir haben noch nicht genügend Beweise zusammen, um das als ein historisches Faktum anzuerkennen.«

Sowohl das verbreitete Schweigen in Japan, als Tanakas Bericht publik wurde, als auch die ausweichende Antwort der Regierung sind kennzeichnend für den fragwürdigen Umgang japanischer Offizieller mit der unbequemen Wahrheit. Längst vor der Studie Tanakas hatte das amerikanische Repräsentantenhaus solche Vorgänge zur Sprache gebracht.

Der demokratische Abgeordnete Pat Williams teilte mit, amerikanische Gefangene hätten für Menschenversuche der Japaner herhalten müssen, woran vor allem die Geheimeinheit 731 in einem Gefangenenlager in der Mandschurei beteiligt gewesen sei. In dem Lager Mukden habe man alle Arten von Folter an den Gefangenen begangen – teilweises Einfrieren von Körperteilen, Injektionen mit diversen Giften, zusätzliche Infektion von Wunden, die Verabreichung von Pest-, Cholera- und Typhusbazillen. Japanische Dokumente aus jenen Jahren, die die Existenz und Tätigkeit der Einheit 731 belegen, sind nach dem Krieg von den Amerikanern an Japan zurückgegeben worden, wurden aber wegen ihres »sensiblen Charakters« nicht veröffentlicht.

Prinz Tsuneyoshi Takeda, Mitglied der kaiserlichen Familie und ein Vetter Hirohitos, hat bekannt, als Stabsoffizier in der Mandschurei und »aller Wahrscheinlichkeit nach« bei einem Besuch der Einheit festgestellt zu haben, daß diese mit Pestbazillen gefüllte Bomben auf die chinesische Bevölkerung abwarf.

Daß derart schwerwiegende Vorwürfe zu einer Zeit ans japanische Ohr drangen, als die Nation ohnehin mit ihrer eigenen Vergangenheit durchaus auch schmerzlich befaßt war, mußte bedrücken. So gut wie keine Zeitung und selbstredend niemand aus der Regierung nutzte die Gelegenheit, jetzt endlich einen klärenden Diskurs einzuleiten. Wieder wurde auf die Vorwürfe nicht geantwortet, wurde nicht klargemacht, was wirklich geschehen war. Der Verdacht, den manche Japaner hinter vorgehaltener Hand äußern, die Geschichte von der Einheit 731 sei nicht weiter verfolgt worden, weil möglicherweise der Amateurwissenschaftler Hirohito mit seinem Labor damals aktiv geworden sei, soll nur deshalb erwähnt werden, weil er die Angst verdeutlicht, Japan könne noch stärker bloßgestellt werden. Faktisch gibt es keine Beweise dafür.

Die Auseinandersetzung um den Tenno wird meist wiedergegeben als ein Konflikt zwischen politischen Kräften, die recht unterschiedliche Vorstellungen von Japan haben. Einige haben die Konsequenzen bis heute nicht begriffen, die sich aus der Öffnung des Landes in der Meijirestauration ergaben: Daß sich Japan nur als ein gleichwertiges Mitglied der Völkerfamilie in einer Ära behaupten kann, in der sich wirtschaftliche und kulturelle Globalabhängigkeiten mehren. Andere sehnen sich nach einer Neuzeit, zu der ihnen der Weg durch den Muff von tausend Jahren verstellt scheint, durch Machtträger, die dazu nicht durch demokratische Prozesse ausersehen wurden, sondern die Macht als Teil eines Klüngels begreifen, zu dem sie glücklicherweise gehören. Einer Macht, die als integraler Bestandteil einer vordemokratischen Tradition nicht einmal kritisiert werden darf.

Der in Tokio lebende Theologe Heinz T. Hamm hat das so definiert:

> »Die grundlegenden Werte der japanischen Gesellschaft wurden nicht in einem verfassungsgebenden Akt von ihr selbst gesetzt. Individuen und Gruppen kommen nicht zusammen, beraten und legen fest, wie sie leben wollen, sondern das nominierende Wesen der Gesellschaft wird als heilig vorausgesetzt und ist praktisch mit den herrschenden Gesetzen identisch, die auch heute noch in Japan, oft in wichtigsten Fällen, ungeschriebene Gesetze sind. Die Normen der Gesellschaft sind sakrosankt, der Diskussion und Kritik nicht zugänglich.«

ZUM ABSCHLUSS

Japan ist auch ein einsames Land. Äußerlich hat es viel Westliches adaptiert, aber wohin gehört es wirklich? Selbst in der Behauptung mancher Ultranationalisten, Nippon habe weit mehr geleistet als seine asiatischen Nachbarn, steckt doch das Körnchen Wahrheit, daß es sich von Korea, Philippinen und China in seiner technologischen Rationalität und damit seinem Fortschritt erheblich unterscheidet. »Wir sind anders als die Asiaten«, kann man daher hören. Japan empfindet sich als Teil der westlichen Industriestaaten, wenn es wieder einmal zum Wirtschaftsgipfel geht, und es achtet auf die Börsenkurse in Frankfurt und das Defizit in Washington. Aber es gehört auch wieder nicht zum Westen. Nur drei Millionen Japaner machen jährlich Urlaub im Ausland, und das nur für jeweils kurze Zeit, vielleicht auf einer Gruppentour, die im Eilmarsch Venedig, Vatikan, Paris und Salzburg zusammenfaßt. Doch wenn ihr Reiseleiter sie nicht sprachlich und kulturell über die vielen Hürden hinweghebt, die sich auf solchen Reisen ergeben, sind sie oft verloren und hilflos.

Das ist nicht als kritische Bemerkung gedacht, sondern als Feststellung zum Selbstverständnis durchschnittlicher Japaner, die nicht geschäftlich in New York zu tun haben, nicht Politologie oder Geschichte studieren und ein oder gar zwei Sprachen sprechen, sondern nahezu unverrückbar auf ihrer Insel leben.

Die meisten Japaner scheuen eher vor politischer Auseinandersetzung zurück und zögern etwa, sich an eine Bürgerorganisation zu wenden, begreifen sie doch die Verhältnisse, unter denen sie leben und manchmal auch leiden, als vorgegeben und unwiderruflich. Der Widerstand hat zwar in der letzten Zeit zugenommen, und gelegentlich kommt es auch zu heftigen Auseinandersetzungen mit der

Obrigkeit. Aber Gehorsam ist immer noch erste Bürgerpflicht.

Als der Koreaner Achiki die chinesische Schrift nach Japan brachte, sollte er nicht nur ein anderes Verständnis von Kultur und namentlich Literatur importieren, sondern auch den Sittenkodex des Konfuzius. Dieser enthielt die außerordentliche Ehrfurcht vor den Ahnen und schrieb vor allem die Pflichten des Sohnes fest, die bis in den Tod hinein noch jetzt in Japan gelten: bei einem Begräbnis bekundet nicht als erste die Witwe ihren Schmerz, sondern der erstgeborene Sohn. Der Vater aber ist im Konfuzianismus das allmächtige Oberhaupt, der Patriarch, auch wenn das in einem Volk von Büroangestellten und Fabrikarbeitern heute auf den ersten Blick nicht mehr sichtbar wird. Er ist für die Mitglieder seiner Familie verantwortlich, was sich wiederum auch in dem Verhältnis von Volk und Kaiser ausdrückt, wie ja Hirohito auch immer wieder seine Untertanen als seine Kinder bezeichnet hat. Es wäre daher falsch, diese Äußerung als eine Floskel des Herrschers abzutun. Wichtig ist vielmehr, daß viele Untertanen auch im Fall Hirohitos diese Liebe, die gemischt mit ehrfürchtigem Respekt ist, empfinden. Während Kaiser Hirohito auf seinem Krankenlager allmählich verfiel, standen die Menschen weiter vor dem Palast und beteten. In den Buchhandlungen stiegen die Verkäufe von Werken über den Kaiser um das Vier- und Fünffache an, und die Flaggenhersteller machten Geschäfte wie noch nie. Man mag sagen, daß da fehlgeleiteter Stolz am Werk war – aber soll ein Volk nur stolz sein auf die Exportzahlen für Autos und Videorecorder? Könnte es nicht an der Zeit sein, an eine alte Geschichte zurückzudenken, an die Fülle der Tempel und Schreine, wie sie das Land von altersher überzogen, an die Blüte der Künste in den verschiedenen Epochen, an die Schönheit der Literatur, die von dem edlen Geist der Samurai wie von der Zartheit einer Küstenlandschaft im Nebel sprach?

Das kaiserliche Paar auf offiziellen Fotos aus dem Jahre 1971

Ende November hatte der Hirohito über zwanzig Liter Blut empfangen, und die Ärzte fanden kein Stück freier Vene mehr, um ihn mit neuem Blut zu versorgen. Sein Körpergewicht betrug nur noch 30 Kilogramm, und man wußte nicht, ob er wachte oder schlief, auch wenn seine Brüder für ihn das Fernsehen einschalteten. In seinem Dämmerzustand konnte er die Millionen Stimmen nicht mehr hören, die in seinem Inselreich für ihn beteten, und erst recht nicht die Stimmen, die ihn, immer noch zornig, wegen seiner Vergehen schalten. Vielleicht war er in seinem verbliebenen Bewußtsein der Gott, der gefehlt hatte, der Unglück über die Menschen gebracht hatte, statt sie wie ein Vater zu leiten.

Über die Gipfel der Berge von Hokkaido senkte sich nun der erste Schnee, und Wildgänse kamen auf der Suche nach Wärme über die Bucht von Tokio gezogen. Die Kälte verdrängte den graubraunen Smog über der Hauptstadt, und in den Nächten hing ein klarer, weißer Mond über dem Palast. Morgens kam die Familie, um nach ihm zu sehen, und gelegentlich brachte der Kaiser es fertig, zu nicken, wenn sie zu ihm sprach. War er nicht auch der Mann, der gegen die Fesseln seiner Umgebung angegangen und die Unvermeidlichkeit am Ende begriffen hatte, Japan den Weg in eine andere Zukunft zu ebnen, als er seine eigene Göttlichkeit widerrief?

Hirohitos Ausflüge in die Außenwelt der Barbaren waren nur kurz gewesen und dazu vom Protokoll diktiert. Er erinnerte sich jetzt vielleicht an die Sandstürme in Kairo, an den britischen König, der freundlich im Buckinghampalast rumorte, an den Eiffelturm, den er als junger Mann bestiegen hatte. An das wilde, unbezügelte, aber lustige Amerika, wo ihm bürgerliche Politiker einfach den Arm um die Schultern gelegt hatten – zum Entsetzen vieler Japaner, die wußten, daß nicht einmal sein Schneider den Körper Seiner Majestät berühren durfte. Und er dachte an die kleinen Schätze, die er von diesen Ausflügen mitgebracht hatte – die U-Bahn-Fahrkarte aus Paris, die Mickey-Mouse-Uhr, die er wirklich getragen hatte. Warum lächelt der Tenno nur in Amerika, hatte damals eine Zeitung gefragt. Japan ist kein Land eines Lächelns, das aus der Seele kommt. Mit Lächeln kaschiert man Verlegenheit, poliert man seine Härte. Ein Souverän, der für drei Millionen Kriegstote verantwortlich war, weil er die falschen Träume von Großjapan teilte, die ihm von seiner Familie, seinen Beratern, seinen Lehrern, seinen Politikern Tag für Tag vorgegaukelt wurden, konnte wohl auch nicht mehr lächeln. Ein Tenno, der seinem Großvater Meiji nachleben wollte und elend scheiterte, konnte nicht wie ein gütiger Vater auftreten, dessen Kinder ihn wertschätzen mußten, weil er die Bahn der Gerechtigkeit nie verließ.

Einige Kaiser waren schon jung gestorben, manche waren durch Gift oder Klinge aus dem Leben geschafft worden. Ein Teil der Vorfahren war nur Priester, Poeten, Gelehrte oder Wesen ohne eigene Persönlichkeit gewesen, die unbegütert in ihren Palästen dahinschlummerten, während Shogune die Macht des Reiches verstärkten und Ordnung schufen. Eine Ordnung, die voller mittelalterlicher Strenge Menschenleben nicht achtete, doch die Nation gedeihen ließ. Das ist kein Widerspruch in einer Tradition, der die Gemeinschaft mehr gilt als das Individuum.

Im Land des Shinto, in dem die Vielzahl von acht Millionen Göttern und Geistern wirkt, bereiteten sich die Priester auf neue Weihegänge vor, die nötig waren, die kaiserliche Nachfolge abzusegnen. In den Großstädten gab es viele Japaner, die damit nichts mehr anzufangen wußten. Sie studierten Kataloge aus amerikanischen Kaufhäusern, sahen im Fernsehen abends eine Stripshow, lasen vielleicht auch Henry Miller und Karl Marx. Andere aber nannten die heiligen Namen für den Tenno, und die Erinnerung kam wieder, daß Japan göttlichen Ursprungs war.

Sie dachten die Namen *Oo-kimi,* großer König, mit dem

sich die Untertanen ihrem Herrscher nähern. Sie dachten an *Sumero-ki*, den Herrscher, der wie ein gewaltiger Berg alles überragt. Oder an *Sumero-mikoto*, den kaiserlichen Darsteller der höchsten Autorität. Vielleicht auch, schon zärtlich, an *Ten-shi*, das Kind des Himmels, und auch der Klang des Wortes *Tenno* – Herrscher des Himmels – durchzog sie neu.

Die christliche Theologie hatte seit ihrem Beginn immer Mystiker und Rebellen vereint. Im Abendland war die Philosophie zunächst die »Magd der Theologie« gewesen, ein Hilfsinstrument für die Lösung göttlicher Rätsel und die Vollstreckung himmlischer Gebote. Doch die Philosophie hatte sich über das Mittelalter erhoben und das Zeitalter der Entdeckungen eingeleitet, die Eroberung fremder Länder, die Erkenntnisse der Naturwissenschaften, die Chemie und die Atombombe, den Verfassungsstaat und den Kommunismus. 264 Jahre lang war Japan durch den Willen seiner Shogune von der Lernzeit der Menschheit ausgeschlossen worden, und als es dann den Imperialismus seiner westlichen Vorbilder nachahmte, wurde ihm dies zum Verhängnis und dem Kaiser zur Schuld.

In seinem Auftrag, in seinem Namen zog die kaiserliche Armee mordend und prügelnd durch Asien. Niemand kann das von ihm nehmen, und man kann die Forderung begreifen, daß er dafür hätte büßen sollen wie ein gewöhnlicher Sterblicher, wie seine Generäle auch.

Das aber ist nicht geschehen.

Daß ihn die Ordnungsmacht Amerika erhielt, um mit dem besiegten Japan besser fertigzuwerden und es dann als Bollwerk und Partner im Konflikt mit dem Kommunismus in China und der Sowjetunion zu gebrauchen, war das nicht auch schon wieder Mißbrauch? Und wenn Hirohito, der seine Menschlichkeit nie zeigte, weil er sich als Institution verstand, wirklich von Zweifeln und Selbstanklagen angegriffen die persönliche Verantwortung gesucht hat, stand ihm dabei nicht sein Auftrag im Wege, mehr zu sein als ein Mensch? Er hat aber diesen Auftrag nicht von den westlichen Demokratien empfangen, sondern von Japan.

Mit allem Nachdruck auf Wahrheit und Gerechtigkeit mögen die Historiker ihr Urteil über diese Figur der Geschichte sprechen, und es kann niemals günstig sein. Doch in Japan, wo Leben und Tod und ganz gewiß der Himmel eine andere Bedeutung haben, wird man anders über ihn denken.

LITERATURVERZEICHNIS

Barloewen, von, Constantin; Wehrhahn-Mees, Kai (Hrsg.): Japan und der Westen, 3 Bände. Fischer, 1986

Bergamini, David: Japan's Imperial Conspiracy, 2 Volumes. William Morrow and Company, Inc., New York 1971

Bersihand, Roger: Geschichte Japans. Kröner Verlag, Stuttgart 1963

Bianco, Lucien (Hrsg.): Das moderne Asien. Fischer Weltgeschichte, Frankfurt 1969

Forbis, William H.: Japan Today. Charles E. Tuttle Company, Tokyo 1975

Gibney, Frank: Japan. The Fragile Super Power. Charles E. Tuttle Company, Tokyo 1976

Hall, John W. (Hrsg.): Das Japanische Kaiserreich. Fischer Weltgeschichte, Frankfurt 1968

Halloran, Richard: Japan. Images and Realities. Charles E. Tuttle Company, Tokyo 1970

Hammitzsch, Horst (Hrsg.): Japan, Glock und Lutz, Nürnberg 1975

Kindermann, Gottfried-Karl (Hrsg.): Der Ferne Osten. dtv-Weltgeschichte des 20. Jahrhunderts, Band 6. München 1970

Livingstone, Jon; Moore, Joe; Oldfather, Felicia (Hrsg.): Imperial Japan. 2 Volumes. Pantheon Books, New York 1973

Mainichi Daily News: Fifty Years Of Light Ans Dark. The Hirohito Era. Tokyo 1975

die neue linie. Vierteljahrsschrift. Leipzig 1937

Reischauer, Edwin O.: The Japanese. Charles E. Tuttle Company, Tokyo 1976

Schwalbe, Hans: Japan. Prestel Verlag, München 1974

Schwebell, Gertrude C. (Hrsg.): Die Geburt des modernen Japan in Augenzeugenberichten. Karl Rauch Verlag, Düsseldorf 1970

Sieburg, Friedrich: Die stählerne Blume. 1970

REGISTER

HEYNE BIOGRAPHIEN

Die Taschenbuchreihe mit den bedeutenden Biographien der Großen der Weltgeschichte

Wilfried Blunt
Ludwig II.
König von Bayern
12/2 - DM 7,80

Robert Gutman
Richard Wagner
Der Mensch, sein Werk, seine Zeit
12/3 - DM 9,80

Gavin de Beer
Hannibal
Ein Leben gegen Rom
12/7 - DM 5,80

H. F. Peters
Lou Andreas-Salomé
Das Leben einer außergewöhnlichen Frau
12/8 - DM 8,80

Erich Eyck
Bismarck und das Deutsche Reich
12/9 - DM 8,80

Edward Crankshaw
Maria Theresia
Die mütterliche Majestät
12/10 - DM 8,80

G. P. Gooch
Friedrich der Große
Herrscher – Schriftsteller – Mensch
12/12 - DM 12,80

Zoé Oldenbourg
Katharina die Große
Die Deutsche auf dem Zarenthron
12/13 - DM 7,80

Werner Maser
Adolf Hitler
Legende – Mythos – Wirklichkeit
12/15 - DM 12,80

Marcel Brion
Die Medici _
Eine Florentiner Familie
12/20 - DM 7,80

Heinrich Eduard Jacob
Mozart
Geist – Musik – Schicksal
12/22 - DM 9,80

David Shub
Lenin
Geburt des Bolschewismus
12/23 - DM 9,80

Virginia Cowles
Wilhelm II.
Der letzte deutsche Kaiser
12/26 - DM 10,80

Neville Williams
Elisabeth I. von England
Beherrscherin eines Weltreiches
12/28 - DM 7,80

Ronald W. Clark
Albert Einstein
Leben und Werk
12/30 - DM 12,80

Raoul Auernheimer
Metternich
Staatsmann und Kavalier
12/33 - DM 6,80

W. H. Lewis
Ludwig XIV.
Der Sonnenkönig
12/34 - DM 8,80

Michael Grant
Caesar
Genie – Eroberer – Diktator
12/35 - DM 6,80

Berndt W. Wessling
Beethoven
Das entfesselte Genie
12/36 - DM 8,80

Egon Caesar
Conte Corti
Elisabeth von Österreich
Tragik einer Unpolitischen
12/40 - DM 10,80

Robin Lane Fox
Alexander der Große
Eroberer der Welt
12/41 - DM 12,80

Eberhard Horst
Friedrich II., der Staufer
Kaiser – Feldherr – Dichter
12/43 - DM 12,80

Jean Héritier
Katharina von Medici
Herrscherin ohne Thron
12/44 - DM 9,80

Ruth Jordan
George Sand
Die große Liebe
12/47 - DM 9,80

Robert Payne
Stalin
Macht und Tyrannei
12/48 - DM 14,80

W. Siegmund-Schultze
Johann Sebastian Bach
Genie über den Zeiten
12/49 - DM 7,80

Michael Grant
Nero
Despont – Tyrann – Künstler
12/53 - DM 7,80

HEYNE
TASCHEN
BÜCHER

Wichtige Sachbücher zu Politik und Zeitgeschichte – informativ, kritisch, lesenswert.

01/6876

19/21

19/4

19/12

19/9

01/7294

10/45

Wilhelm Heyne Verlag München

HEYNE BIOGRAPHIEN

Die Großen der Weltgeschichte –
Wissenschaft · Politik · Kultur

Ronald Hayman
Friedrich Nietzsche
Der mißbrauchte
Philosoph
12/128 - DM 14,80

Karen Monson
Alma Mahler-Werfel
Die unbezähmbare
Muse
12/129 - DM 14,80

Don Cook
Charles de Gaulle
Soldat und
Staatsmann
12/130 - DM 16,80

Johannes Lehmann
Moses
Religionsstifter
und Befreier Israels
12/131 - DM 9,80

Felix Berner
Gustav Adolf
Der Löwe aus
Mitternacht
12/132 - DM 16,80

Daniel James
Che Guevara
Leben und Sterben
eines Revolutionärs
12/133 - DM 14,80

Colin Wilson
Rudolf Steiner
Verkünder eines neuen
Welt- und
Menschenbildes
12/134 - DM 12,80

Roland Hayman
Franz Kafka
Sein Leben –
sein Werk –
seine Welt
12/135 - DM 12,80

Nicholas Henderson
Prinz Eugen
Der edle Ritter
12/136 - DM 12,80

R. J. Overy
Hermann Göring
Machtgier und Eitelkeit
12/137 - DM 16,80

Andrew Turnbull
F. Scott Fitzgerald
Der Genie der wilden
Zwanziger Jahre
12/138 - DM 16,80

Stephen B. Oates
Martin Luther King
Kämpfer für
Gewaltlosigkeit
12/139 - DM 16,80

Berndt W. Wessling
Franz Liszt
Ein virtuoses Leben
12/140 - DM 9,80

Gustav Sichelschmidt
Theodor Fontane
Lebensstationen eines
großen Realisten
12/141 - DM 14,80

Wolfgang Jeske /
Peter Zahn
Lion Feuchtwanger
Der arge Weg der
Erkenntnis
12/142 - DM 12,80

Harry Wilde
Rosa Luxemburg
Ich war – ich bin –
ich werde sein
12/143 - DM 12,80

Julian Symons
Edgar Allan Poe
Leben und Werk
12/144 - DM 14,80

Donald Spoto
Alfred Hitchcock
Die dunkle Seite
des Genies
12/145 - DM 14,80

Hermann Schreiber
August der Starke
Kurfürst von Sachsen –
König von Polen
12/146 - DM 12,80

Henri Troyat
Peter der Große
Zar – Reformer –
Despot
12/147 - DM 14,80

Roman Karst
Thomas Mann
Der deutsche
Zwiespalt
12/148 - DM 9,80

Beatrix Kempf
Bertha von Suttner
Schriftstellerin –
Politikerin
12/149 - DM 12,80

Stan Gébler Davies
James Joyce
Das bewegte Leben
des großen irischen
Schriftstellers
12/150 - DM 16,80

Berndt W. Wessling
Furtwängler
Eine kritische
Biographie
12/151 - DM 14,80

Terence Prittie
Konrad Adenauer
Der Staatsmann, der
die Bundesrepublik
prägte und Europa
den Weg bereitete
12/152 - DM 14,80